正面管教心理学

魏星 赵玉臻◎著

中国纺织出版社

内 容 提 要

父母怎么说，孩子才会听？所有正在烦恼的父母都应该了解一门教育艺术——正面管教。通过爱的力量正面引导孩子的行为，不惩罚、不骄纵，和善而坚定地进行教育。

本书以正面管教为核心，详细阐述父母在思想、价值观、感受等方面该如何引导孩子的行为，给予广大父母们中肯的建议及有效的教育方法。

图书在版编目（CIP）数据

正面管教心理学／魏星，赵玉臻著．--北京：中国纺织出版社，2019.11

ISBN 978-7-5180-6095-5

Ⅰ．①正… Ⅱ．①魏… ②赵… Ⅲ．①家教教育 Ⅳ．①G78

中国版本图书馆CIP数据核字（2019）第063512号

责任编辑：江　飞　　特约编辑：王佳新　　责任印制：储志伟

中国纺织出版社出版发行

地址：北京市朝阳区百子湾东里A407号楼　邮政编码：100124

销售电话：010—67004422　传真：010—87155801

http：//www.c-textilep.com

E-mail：faxing@c-textilep.com

中国纺织出版社天猫旗舰店

官方微博http：//weibo.com/2119887771

三河市宏盛印务有限公司印刷　各地新华书店经销

2019年11月第1版第1次印刷

开本：710×1000　1/16　印张：13.5

字数：193千字　定价：39.80元

前言

正面管教，即正向教养力，我们可以理解为父母对孩子的正面引导。教育方法上所提倡的是不惩罚、不骄纵，而是采取温和而坚定的有效教育法。在整个教育过程中，父母一方面需要与孩子有良好的情感连接，另一个方面需要设定一定的界限。

简·尼尔森是正面管教创始人，她根据阿德勒的个性心理学创建了正面管教。通过正面管教，即便是不懂心理学的父母也可以对孩子进行行之有效的教育，一时之间风靡全球。简·尼尔森认为，孩子的日常行为是对价值感和归属感的追求，如果父母希望孩子成长为自信且有责任感的人，就需要引导他学会付出、合作和尊重他人，这些都是孩子未来价值感和归属感的来源。

生活中，总听到父母抱怨：孩子为什么会这样？在父母这样的成年人看来，孩子身上总有许多不良的行为，不管如何教育，孩子总是不听。其实，这时父母需要做的不是如何去惩罚、责怪孩子，而是应该先了解孩子言行背后的深意，再对症下药。孩子可能只是需求关注，寻求权力，也可能是针对父母之前行为不满的报复。面对孩子的这些不良行为，父母可能会烦躁，也可能感到无助，不过在这之前，不如先倾听孩子内心的声音。

大多父母会选择严厉的教育方式，孩子犯错就责骂，但是这时孩子的真切感受是伤心、不服气，他们很难会感受到父母隐藏的爱。正面管教从来不提倡惩罚孩子，就是因为惩罚看似制止了孩子的错误行为，但却给孩子带来了负面情绪，产生了负面反应，他们是难以纠正不良行为的。正确的做法是，父母需要营造共情感受，适时给孩子一个拥抱或安慰告诉他们“我知道你已经很用功了。”让孩子感受到父母的爱，他们才会为了自我价值而活，而不是为了获得奖励或为了避免惩罚。

俗话说得好，父母是孩子的第一任老师。在针对孩子的教育过程中，父母做了什么比说了什么更重要。因为孩子学习的一个主要途径就是模仿，孩子可能根本记不住父母所说的话，却能够记住父母所做的负面行为，父母若是不喜欢翻书，那孩子很难爱上阅读。父母应该先管理好自己，才有资格去管理孩子的生活，把孩子当成和父母平等的人来尊重，这有利于正面管教发挥出更大的作用。

编著者

2018年4月

目录

第 01 章

困惑与焦虑，孩子为何这样

对于孩子的教育问题，父母总会有这样或那样的困惑与焦虑：孩子为何这样呢？父母焦虑，根本原因是父母缺乏正确的家庭教育观念指导。作为父母，首先自身要接受教育，才能慢慢建立起有利于孩子成长的正面教育观念。

孩子喜欢故意捣乱

心理学家认为，孩子自我意识开始萌发的时候，“我”字当头，想着反抗权威，所以往往与父母对着干，这就是孩子的第一反抗期。孩子表现得比较激烈，寻求强烈刺激，以发泄心中的不满。在这一阶段，开始对父母说“不”，周围的事情他们都想大包大揽地干上一番，表现得非常自以为是。这时孩子的身体已经相当的协调，能跑能跳、能抓能捏。他们进入了独立欲求的第一个反抗期，逆反是孩子这个时候的常见表现，也会对父母或者老师的要求做出的一些故意反抗的行为。

孩子到了反抗期，总是故意捣乱，不是翻腾鞋柜把所有鞋子都扔出来，便是在墙上到处乱涂乱画。不仅如此，他们还喜欢抢别人的玩具，尽管手里拿着刚买的玩具，只要看到别人的玩具是自己没有的，便会一把抢过来，大声说：“这是我的。”一旦他作出故意捣乱的行为，父母便会责骂，他反而变得更兴奋。

第一反抗期是孩子成长过程中的一个重要转折点，孩子的这一时期能否顺利度过对孩子今后的发展有很大的影响。在第一反抗期之前，孩子的生活都是由父母精心照料的，孩子的自由度较小，随着孩子独立意识的增强，自然要抵抗父母的约束。孩子出现逆反意味着长大，父母只有及时调整自己，适应孩子的变化，才可以做到与孩子一起成长。

孩子出现逆反时给人的感觉是火气很大，好像身体里充满了一股怨气。因此父母对待孩子的逆反期应该以疏导为主，尽可能避免与孩子针尖对麦芒的发生冲突，同时，父母要注意引导孩子，使孩子知道什么是对的，什么是错的，从而朝着正确的方向发展。

小贴士

1.教给孩子一些基本技能

这一阶段的孩子总是做不好一件事，心里着急，就容易发脾气。这时父母可以教孩子怎么做，比如，孩子玩积木总是滑下来，可以教孩子如何取得平衡；孩子投球老是投不准，接球又接不住，可以教他投掷，接应时，手的放和收的技能等等。

2.拒绝的同时给予适当安慰

对于孩子提出的要求，能满足的尽可能满足。比如孩子夏天想吃冰淇淋，就让孩子吃一个，但如果换成寒冷的冬天，孩子想吃也不能给他吃。父母认为这是无理的要求，不过孩子却认为这两种情况是一样的，没有无理和合理的区分。当孩子提出所谓的无理要求时，可以用眼神、手势、简单否定等方式让他懂得，这个要求父母不同意。但是，在拒绝孩子这个要求的同时，要给他合理的东西满足他。比如不能给冰淇淋，可以给一块小蛋糕。只是拒绝，没有给予，就达不到教育目的。

3.别指望孩子反思自己的行为

有些父母在孩子发脾气时对其完全置之不理，想用无声让他懂得“错了”，这对孩子而言是极不合适的。父母可以提前告诉孩子不能生气，否则就不让他玩玩具或者把玩具送人，但是这个方法有时不会起作用，因为孩子还不懂得“否则”是什么意思，也不会这样想问题：发火会导致没有玩具玩，不发火就有玩具玩，因此对孩子还需要适当的正面教育。

4.合理发泄情绪

遇到不愉快的事情，产生了不愉快的情绪，发泄比憋在心里要好。当父母发现孩子生气的时候，不要对着孩子发泄，可以找一个枕头来代替孩子。当孩子想发火的时候，引导孩子不要朝父母发脾气，而是把怒气发到布娃娃身上。

孩子喜欢骂人

儿童语言教育中出现的教育偏差与失误，这是一个不和谐的因素，该如何解决，这让父母苦恼不已。孩子是在犯错误中长大，这无疑是一句至理名言。不过关键问题在于，当面对孩子的错误或问题时，父母应该怎么办？毫无疑问，解决任何问题都需要弄清原因才好对症下药。

甜甜原来是一个很乖巧可爱的孩子，说话软萌软萌的，特别招人喜欢。不过，到了四五岁，突然开始喜欢说脏话了，偶尔妈妈做事糊涂了，她就说：“妈妈，你是笨蛋吗？”平时自己玩玩具，也会自言自语地说：“蠢猪”“去死吧”。妈妈感到很疑惑，这孩子在哪里学的呢？

有一次，甜甜跟弟弟一块儿玩积木，甜甜手脚麻利，三两下就搭了一座房子，结果弟弟什么也没搭成。甜甜指着弟弟，骂道：“你是笨猪吗？这么简单都不会，我三岁就会了。”听到“笨猪”两个字，弟弟哭了，一边哭一边说：“我不是笨猪。”在一旁纵观整个过程的妈妈惊呆了，孩子这些语言到底从哪里学来的？

孩子为什么会喜欢说脏话呢?

心理学家认为，幼儿期是语言、动作快速发展的时期，而孩子的语言和动作主要是通过模仿获得的。孩子知识经验少，分辨是非、好坏的能力较差。当听到别人说脏话，看到电视里的反面人物的奇怪模样时，他们并不理解那些脏话的意思，只是觉得新鲜、好玩，所以便会模仿起来。同时，父母是孩子最亲近的人，他们是孩子语言学习的第一位老师。假如父母不注意自己的言行举止，常常说脏话、喜欢骂人，那孩子肯定会受影响。

有的父母比较忙，没有时间和孩子一起游戏、聊天或给孩子讲故事，只是埋头做自己的事情。孩子觉得受到冷落，于是就会冲着父母做个“鬼脸”或说句脏话，目的就是引起别人的注意。这时父母如果放下手里的活，来处理孩子的行为问题，那孩子就会感到很满足，在他们看来，父母放下手里的活能和自己一起交谈，专门注意他的行为，他因此感到满足。

有些则是父母过于敏感的态度，当孩子无意地说一句脏话或模仿反面角色的怪样时，假如父母大惊小怪，或觉得逗趣，哈哈大笑，然后在笑声中严厉制止。这会引起孩子的“有意注意”，出于探索，他们便会再次重复。假如父母生气，或付之无可奈何的一笑，便会给孩子莫大的鼓励，无意中强化了孩子讲脏话或做怪样的行为。

小贴士

面对孩子讲脏话，父母应该怎么办呢?

1.没有反应才是最好的反应

孩子第一次说脏话时，父母一定要控制自己想要大笑的冲动，那样孩子势必会把这当作正面的鼓励而重蹈覆辙。在几乎所有的情况下，孩子都是在试探：这是我听过的话，那人说时看起来比较激动，如果我说出来，父母会是什么样的反应呢？让父母发笑、生气或不安是孩子想拥有的一种强大力量。所以，听到孩子第一次说脏话，不要表现出来，没有反应才是最好的反应。

2.教孩子学会尊重

假如父母让孩子觉得给其他小朋友起孩子式的外号没有关系，那你就完全错了。脏话会让孩子在幼儿园、游乐园和朋友家里陷入麻烦，所以父母需要向孩子解释骂人会让人伤心，即便其他孩子都这么说，这样做也是不对的。骂人和让人伤心都是不可以的，尽管孩子可能还在学习体会别人的感情，或许不能每次都记得先考虑别人，但依然需要知道自己什么时候是在伤害别人，即便自己不是故意的。

3.提醒孩子不要说脏话

假如2岁大的孩子好像总有一两句脏话不离口，那父母就需要说说他了，不过关键是要态度平和，不要过于激动或愤怒。否则，每次父母生气，都等于在提醒孩子：他的本领有多大，能让你快速注意他。当孩子说一些不好的词或脏话，父母只要用平静且平淡的口气清楚地告诉他，这些话是不允许说的。

4.用好玩的话代替脏话

假如孩子只是试试新词语，那父母可以说服他用另外一个令人激动的说法来代替。假如他是由于和许多成年人一样，没有合适的替代词来表达强烈的愤怒或沮丧才说脏话的，那么鼓励孩子大声说“我生气了”、“我很烦”也许有帮助。不过，假如孩子被警告了一两次之后还要说脏话，那就该好好管教了，父母要保持冷静，警告孩子：“你说了那个词，必须受到惩罚。”

5.小小的惩罚

假如孩子是因为想要什么东西而讲脏话，一定不要让孩子得到他想

要的东西。即便你指明：“说那样的话很不好”，也不能把他想要的东西给他。

6.父母要注意自身的言行

假如你的孩子每天都听到脏话，就会很难相信那些话是不能说的。他也会很奇怪为什么规则只针对自己而不针对父母。父母把孩子想成是一块海绵，他会吸收自己从周围听到和看到的，并渴望和其他人分享自己所学到的东西，不论那是好的，还是坏的。

孩子爱上了模仿

孩子天生喜欢模仿，因为模仿是孩子学习技能、探索世界的一种方式。随着年龄的增长，孩子的语言表达能力不断的在提高，模仿能力也在逐渐加强。

一般而言，孩子对世界的认知开始是通过他所看到、听到、触摸到、嗅到的感官系统对外部环境信息进行接收，这是由于孩子大脑负责外界信息收集的神经元在他出生时就已发育成熟，这就是孩子喜欢模仿的基础。而负责信息处理、逻辑想象这部分的是额神经元，这部分神经元在孩子2岁开始发育，快速发育期在3–6岁，这一阶段孩子的模仿能力会加强。

事实上，孩子喜欢模仿是正常行为。孩子最开始喜欢模仿父母，因为父母是孩子的第一任导师，一般孩子模仿父母的年龄应该是2岁左右，比如女孩喜欢穿妈妈的高跟鞋，男孩喜欢模仿爸爸开汽车。对孩子而言，他们认为喜欢的事情就是愿意模仿的事，这主要在孩子大脑情绪记忆系统，比如额叶与边缘系统会存储下来，这是一种良好的体验行为，这种感觉就像成年人所感受的成就感、意义感、被认可感一样。孩子带着这种兴奋感、舒服感，指引着他们的大脑不断重复，所表现出来的就是强烈的模仿行为。

园园喜欢模仿是在2岁时的行为，她每次在家总不爱穿自己的鞋子，而是偏爱妈妈的高跟鞋，而且穿着妈妈的鞋子，走起路来感觉很神奇。平时趁着爸妈不在家，她还会拿着妈妈的化妆品给自己脸上乱涂抹，还不时照镜子。

后来上了幼儿园之后，她开始喜欢模仿与自己同龄或比自己大的孩子，别的孩子做什么，她就学别人做什么，连老师都说她的行为比别的小朋友明显，不过在爸妈和比她小的孩子面前又不这样。

园园妈妈觉得孩子很没有自己的主见，总是别的小朋友做什么她就做什么，比如跟妞妞一起玩，妞妞玩得哈哈大笑她也哈哈大笑，妞妞爬扶梯时摔倒了，园园也跟着摔倒，这个现象都持续大半年了。

园园突然之间成为了同伴的“跟屁虫”了，这让父母感到苦恼和困惑。看到别的孩子做什么，自己的孩子就做什么，这让许多父母认为自己的孩子没有个性、缺乏主见，甚至认为这是不好的现象。

孩子为什么喜欢模仿呢?

1.模仿即学习。孩子有很强的观察力，喜欢模仿他人的言行举止。实际上，这是孩子学习的一种方式。父母不必担心，只是孩子没有足够的知识经验，不知道怎么办，就只能通过观察同伴的行为表现来模仿学习，从而获得相应的经验。

2.一种从众心理。孩子从模仿中能够获得成功和喜悦的乐趣。孩子也喜欢随大流，想跟别人一样，获得别人的认可，融入到集体活动中，这是一种人际交往、人际依赖的心理安全需要。

3.独立自主意识较弱。孩子年龄小，独立自主意识较弱，依赖心理严

重，他们的很多能力都是凭模仿学会的。有了模仿，减少了不必要的探索和尝试，快速掌握别人已经摸索出来的各种技能，才有时间、有精力去创新和发展。

小贴士

1.正确看待孩子之间的相互模仿

孩子看到别的孩子吃什么，他也要同样的东西。看到这样的行为，父母不要小题大做，将孩子之间的模仿行为认为是嫉妒、攀比、无理取闹……也别采用错误的方式来对待孩子，比如拒绝孩子的要求、放任孩子哭闹。其实，孩子之间的模仿是一种自然本能，而嫉妒行为则伴随有哭闹等行为表现。模仿同伴就是一种学习和交流，父母错误对待会不利于孩子学习，而且也会影响孩子与同伴之间的关系。

2.注意孩子模仿的内容

互相模仿也存在一些问题，既然孩子可以模仿同伴的好行为，也会模仿一些不好的行为，所以需要父母经常把关，注意孩子模仿的内容。比如孩子最近学班里的同学说脏话，父母就要及时干预和正面引导了。很多时候，孩子在模仿行为时并不清楚这个行为背后的意思，也不明白行为的好坏。而父母需要告诉孩子这是一个不好的行为，让孩子改掉这些不良行为。

3.告诉孩子是怎么回事

如果父母不希望孩子去模仿同伴的某些行为，最好的办法就是不要把那些事情搞得很神秘，开诚布公地让孩子去了解怎么回事，好奇心没了，自然注意力也就会转移到其他方面。比如孩子会模仿同伴的口头语、脏话、口吃、频繁眨眼等动作，父母不要大惊失色，严厉禁止，这样做会适得其反，加重孩子的好奇心和反抗心理，用表明态度、然后忽略的方式对待，等孩子的好奇心消失，这类行为症状也会自然消失。

4.孩子不是跟屁虫

看见孩子跟着学同龄的孩子，觉得孩子没个性、缺乏主见，这其实是父母对孩子模仿行为持批评和否定态度。孩子的观点和主见主要是在模仿的基础上渐渐形成的，他们自由地与同伴互相模仿，才能实现真正的交流。

5.通过互相模仿改掉孩子的坏习惯

孩子在成长过程中难免会养成一些不好的习惯，而相互模仿则可以促使孩子改掉一些不良的习惯。比如两个孩子一起吃饭，看着同伴吃饭很乖，父母就可以正面鼓励孩子去模仿对方“你看妞妞好棒哦，自己吃饭，她根本不需要妈妈喂”，这样就可以通过互相模仿渐渐地改变孩子的不良吃饭习惯。

孩子总爱“抢”东西

父母会发现，孩子在某个阶段会喜欢抢别人的东西，他们总觉得别人手里的东西是好的，不但抢父母手里的东西，有时候还喜欢抢其他孩子手里的不属于自己的东西。

当孩子正在玩一个玩具时，他玩够了就会扔掉，然后又拿起第二个玩具玩。这时父母把之前那个玩具捡起来，孩子看到了便会扔掉第二个玩具，又开始抢父母手里的玩具。如此反反复复，对孩子来说，好像只有别人手里的才是好的。

有一次，妈妈带着楠楠一起去朋友家里，正好朋友家的孩子跟楠楠年纪相仿。大人们愉快地聊天，两个小朋友一起玩得很开心。但是，没过多久，妈妈就听到了楠楠的哭声，两个大人走过去想看个究竟，原来楠楠喜欢上了别人的飞机模具，非要抢过来玩，抢不过就哭了起来。朋友上前去把自己孩子批评了几句，拿过玩具递给楠楠，楠楠不哭了，不过朋友的孩子却哭了起来。最后，还是妈妈承诺给楠楠买一模一样的玩具才罢手。

其实，平时妈妈也发现楠楠喜欢抢东西这一特点。有时候他去小区里玩，虽然自己手里也拿着刚买的玩具枪，但看到别人手上有更新款的玩具，楠楠便会直接冲过去抢。妈妈觉得，在楠楠看来好像东西都是别人的好。

父母看到孩子喜欢抢东西，会不自觉地认为孩子比较自私，长大后也会成为自私自利的人。但事实上，当孩子的自我意识开始萌芽，就会表现以自我为中心。他们认为自己的东西是自己的，别人的东西也是自己的，所以看到喜欢的就会拿走，看到感兴趣的东西会霸占为己有。孩子因自我意识而抢东西，这是没有任何恶意的，是一种很正常的行为。

孩子喜欢“抢”别人的东西，大概是出于这样的原因：

1.感觉比较新鲜。毕竟孩子缺乏一些认知能力，看到别人手里的东西，心里觉得新鲜又好玩，从而忍不住想要自己抢过来。虽然他们内心并没有想要抢别人的东西，只是因为很喜欢，所以行为方面比较过激。

2.感到十分好奇。孩子对很多事情都是一无所知的，他们总想认识周围新鲜的事物。在很多新鲜事情的引诱下，孩子们的好奇心渐渐被激发出来了。别人手里的东西，如果只能远远看着，完全不能满足内心的好奇。所以，为了仔细看一下，他们便会忍不住想要拿来自己研究一下。但孩子并不懂得如何与对方商量，让对方把东西拿给自己，所以他们就索性开始抢了。

3.强烈的占有欲。孩子的自我意识渐渐萌发，容易以自我为中心，认为一切东西都是自己的，他们完全没有意识到自己和别人是有区别的。出于自我意识的萌发，他们对很多东西想拿就拿，完全没有顾忌。换句话说，那些喜欢抢别人东西的孩子，通常有较强的占有欲。

小贴士

1.引导孩子认识归属者

父母需要有意识地帮孩子建立所有权的观念。比如，当孩子想要别人手里的东西，父母可以强调："这个玩具是东东的，你只能玩一下，不能带走，你玩一会儿要还给东东，你的玩具在家里呢。"这些话可以让孩子认识到东西的归属感，有所有权的概念。

2.让孩子学会分享

孩子通常不愿意把自己的玩具拿给别人玩，这是很正常的心理。所以，当其他的小朋友想玩他的某个东西时，父母不应该强制要求他谦让给别人。而是让孩子学会分享，引导他愿意和别的小朋友玩，比如"你把这个玩具借给他玩一下，以后他有了新玩具也会借给你玩的，这样你们就各自有两个玩具玩了"。

3.别为了满足其他孩子而让自己孩子委屈

当别人孩子的东西被抢时，父母不要强行把东西从自己孩子手里抢过来满足其他孩子。因为这样时间长了，孩子就会形成思维定式，导致自己变得越来越懦弱，慢慢就会形成优柔寡断、不敢反抗、不会拒绝的性格。这时父母应该好好保护孩子，让孩子感受到爱的呵护。

4.告诉孩子良好的沟通

如果看到孩子喜欢抢别人的东西，大声制止："怎么能抢别人的东西呢？这是不好的行为。"其实，这样的话对孩子而言，他们并不太能接受。最好的引导，应该是告诉孩子应该怎么做，比如"如果你喜欢他手里的东西，你应该先问一下他愿不愿意把东西借给你玩一下，”或者“你有好的东西跟他交换着玩”，让孩子知道如何与人友好协商，而不是直接抢东西。

5.及时肯定孩子好的行为

当孩子尝试着去如何与人商量，父母需要及时肯定这样的行为。当孩子不是直接抢东西，而是友好地协商“我可以玩一下你的玩具吗”“我有一个玩具，不如我们交换玩一下，你愿意吗”，父母需要及时肯定孩子这样的行为，他们才会意识到这样做是正确的。

6.让孩子学会换位思考

当孩子玩得正高兴时，突然抢走他手里的东西，然后问他“你的东西被抢了会难过吗”，孩子的回答是肯定的。那么，再告诉孩子，如果他抢走了别人的东西，别人也会感到很难过。当孩子感受到被抢的负面情绪之后，他就会真正地学会换位思考，为他人着想。

7.最好的教育在第一次

当发现孩子第一次抢别人的东西时，父母就应该及时教育，这样可以快速有效地将孩子不良的行为纠正过来，同时可以防止孩子在多次重复这种行为之后，养成根深蒂固的坏习惯。

孩子喜欢打闹

孩子进入幼儿期，常常会在人多的场合出现“人来疯”行为，异常活泼，非常调皮，让父母感到手足无措。孩子“人来疯”的行为，指的是孩子在客人面前或在有陌生人的场合表现出一种近似胡闹的异常兴奋状态。比如，家里来客人了，孩子表现得十分高兴，一开始还能正常说话玩耍，渐渐地却陷入了一种近乎疯狂的状态，又吵又闹、上蹿下跳，让客人大为吃惊，父母也尴尬不已，却不知道如何让孩子安静下来，担心孩子的行为会给客人留下不好的印象。

许多父母都经历过孩子的“人来疯”，平时看起来很听话的孩子，忽然之间在客人面前或公共场所，变得非常亢奋，如一只脱缰的小野马，不仅大吵大闹，而且还蛮横无理。孩子为什么会喜欢“人来疯”，大部分原因在于七八岁的孩子本身就具有强烈的表现欲，喜欢给别人带来乐趣，希望得到别人的肯定和赞扬，不过，孩子在人们面前表现时又不能很好地掌握分寸，结果就疯过头了。

周末家里有客人来，王妈妈大清早就开始收拾屋子，准备食材，忙得没有工夫管6岁的儿子。儿子刚开始安静地待在客厅玩手机，不时还帮妈妈拿一下东西。

不一会儿，客人来了，王妈妈把客人请进屋子里，和好闺蜜很有兴致地聊起天来。这时，本来安静的儿子却不安分起来，一会儿把电视机调到很大声音，一会儿又把手机游戏声放很大，或者在屋子里故意走来走去。王妈妈让儿子安静一点，没想到儿子还冲着自己做鬼脸，甚至一副“要你管我”的样子。王妈妈气得大声呵斥，但是根本没有用。最后，王妈妈只能让儿子回到他自己的房间，却听到儿子“砰”地一声关起了门。王妈妈感到很难堪，无奈地跟朋友笑了笑，朋友安慰着：“没事，孩子都这样。”

那么，孩子为什么会“人来疯”呢？

1.缺乏自控力

孩子的自控能力才刚刚发展，所以不能有效地控制自己。他们平时的行为带有很大的冲动型，而且自控行为会随着场景而发生变化，一会儿好一会儿坏。当家里有了客人，父母会鼓励孩子表现自己，哪怕孩子表现过火了，父母也不会当着客人的面批评孩子。聪明的孩子感觉到父母的宽容，便会彻底释放自己的天性，所以不容易控制自己的言行。

2.父母太溺爱或太严厉

有些父母对孩子太溺爱，不论孩子的要求是否合理，总是给予满足，让孩子变得自私、任性，在客人面前也不听父母的话，无理取闹；反之，有些父母对孩子太严厉，严重抑制了孩子喜欢玩的天性，当有人在场时，父母的注意力更多集中在客人身上，那孩子就会抓住机会来尽情表现自己。

3.孩子渴望得到关注

现实生活中许多父母因平时工作繁忙，很少带孩子出去玩，孩子在家里总是与爷爷奶奶一起玩耍，不然就是电视、玩具，他们的交往需要得不到满足。所以，当家里来了客人，孩子会感到好奇、兴奋，终于有人关注自己了。这时候如果父母只是跟客人聊天，那孩子心理就会觉得被冷落了，便会有意识地做出一些反常行为，从而引起别人的关注。哪怕这样的行为会引来父母的批评，他们也会感到满足。

4.客人出于表面的宽容

有时候，客人的宽容很容易引起孩子的“人来疯”。当孩子在表演的时候，客人会出于表面夸奖孩子，以此来取悦父母；或者主动逗孩子，即便孩子做得不好，客人也不会过分苛求，非常宽容和纵容，这样会让孩子更加兴奋，趁机会做一些平时不太敢做的举动。

小贴士

那么，对孩子的“人来疯”行为，父母应该怎么办呢？

1.别当着客人面批评孩子

家里来了客人，当孩子出现“人来疯”行为时，父母不必着急，更不要当着客人的面批评孩子，这样会让孩子感到很难堪，会感到很没面子甚至会出现逆反行为。同时会让孩子感到只要客人来了自己就变得不重要了，孩子的自尊心需要受尊重。

2.多让孩子出门玩耍

父母想要减少孩子“人来疯”行为，可以多为孩子制造与外界接触的机会，带孩子多参加一些聚会，让孩子与同龄孩子玩耍，减少孩子看见陌生人的新鲜感。如果孩子不愿意与陌生孩子玩耍，父母也需要及时引导，让孩子慢慢感受到与人交往的乐趣，学会主动与人交往。

3.给孩子自由玩耍的时间

有的孩子平时看起来很乖，一旦有客人来了就出现“人来疯”行为。这时父母应该反思是否平时的管教太过于严厉。如果是这样，父母就不要过多限制孩子的自由玩耍时间，给孩子买一些合适的玩具，引导孩子多交同龄朋友，让孩子活泼好动的天性得到充分解放。

4.给孩子适当的表现机会

家里有客人来，可以给孩子适当的表现机会，比如让孩子唱歌，讲故事，朗诵诗，等等。然后告诉孩子“你的歌唱得真不错，下次再给叔叔唱一首更好的，好不好？”如果孩子很兴奋，还想继续表演，那父母可以暗示“叔叔喜欢听话的孩子，你先自己去玩吧”。

5.给孩子讲道理

家里客人来之前，父母可以先给孩子讲道理，不许“打闹”，同时提出惩罚或奖励的方法。比如，假如孩子出现“打闹”行为，就给予批评，取消周末野炊的计划等；假如孩子听话，没有出现“打闹”行为，就及时表扬，满足其提出的合理要求。

6.别冷落孩子

家里有客人时，父母与客人聊天的时候，别把孩子冷落在一边，这种时候应该让孩子学会招呼客人，比如帮忙倒茶，帮忙拿东西，有时也可以参加聊天，问孩子一些感兴趣的事情等。这样孩子可以感受到父母和客人对自己的喜欢，同时还能学一些待人接物的行为。同时满足了孩子的表现欲，也不会给客人造成难堪局面。

7.别溺爱孩子

孩子出现“打闹”行为在于缺乏自制力，所以父母在平时教育孩子时要特别注意。对于孩子提出的要求，不能总是满足，特别是一些坏习惯，应该及时制止，不能纵容，不能让孩子养成“自我为中心”的心理。这样渐渐地，孩子的自制力就会慢慢增强。

8.别过多关注孩子“打闹”行为

父母需要避免强化孩子的“人来疯”行为，一家人保持统一的教育方式，在孩子出现“人来疯”行为时别过多关注孩子，假装什么也没看见。同时，也引导并暗示客人不要关注孩子的行为。这样，孩子觉得没趣自然也不会再用这种方式吸引注意力了。

孩子总是喜欢打人

当孩子开始有了自我意识，知道了自己小拳头的厉害后，于是就开始了打人这种攻击性行为。其实，人生来就具有一种内在的攻击倾向，比如孩子生气、情绪发作时会扔玩具；想吃东西了，妈妈要是动作稍慢了，孩子就会一把推开妈妈的手。

孩子的攻击性是常见现象，在成长的特定发展阶段，有打人行为是可以理解的，只要父母恰当应对，打人行为就会消失。而且随着生理、心理的发展，如果父母正确引导，孩子的攻击倾向是能够转化为忍耐、坚毅等积极的品质的。不过，有些孩子的打人行为，会影响他们的正常社交，甚至无法继续上学，这就是问题了。

瑞瑞5岁了，上幼儿园中班，妈妈发现她脾气越来越大，只要不高兴或者自己的要求没有被满足，就动手打人。老师常常跟妈妈反映，瑞瑞在幼儿园，行为比较随意，大家一起正上着活动课，结果她却任性地去推一下前面的小朋友。到了下课，便会跟小朋友抢玩具，只要是她喜欢的玩具，就一定要抢过来。如果对方力气比较大，她趁对方不注意就打人或咬人。放学回家后，妈妈若问起来：“你为什么要打别的小朋友呢？”她总会满脸不在乎地回答说：“我就是要打他。”妈妈听了哭笑不得。平时孩子跟大人一起时也喜欢动手打人，妈妈当场批评了她，她也听得懂，也承认错误。不过，过不了多久就会忘记了。

看见孩子喜欢打人，妈妈感到十分苦恼。

孩子喜欢打人，实际上是用这种攻击性行为来表达自己的愿望或感情，有些父母认为孩子小不懂事，长大了自然会改正。其实这样的看法是有偏差的，需要正确对待孩子的攻击性行为，正确引导，才能让孩子自然改掉这个坏习惯。

孩子为什么喜欢打人？

1.为了达到某个目的

孩子可能会通过攻击行为达到某个目的，比如抢到玩具，发泄情绪。孩子知道通过攻击会达到自己的目的，所以通过打人让其他孩子听从自己；通过打人可以赢得更多小朋友的跟从。如果孩子常常使用攻击行为，

时间长了就会形成一个坏习惯。

2.是一种模仿行为

孩子的一些行为来自对身边环境的模仿和学习，比如父母经常打孩子，电视里的各种打斗暴力行为，这些都会成为孩子学习或模仿的行为。

3.为了吸引注意力

孩子的攻击行为也是吸引他人注意力的一种方式，有的孩子之所以喜欢打人，那是因为他在平时生活中不会得到老师、同学，甚至父母的关心和注意。但是他需要这种受关注的感觉，所以通过打人来吸引人的注意力。

4.情绪发泄

孩子喜欢打人有可能是对挫折的发泄，当孩子做某件事情遭遇失败的时候，他很生气但无处发泄，便会通过打人、抢东西来平衡自己的心情。

5.争强好斗的性格

有的孩子喜欢打人，可能性格中有争强好斗的一面，当然这是比较少见的情况。大部分孩子喜欢打人其实跟其年龄以及认知水平有很大的关系。对攻击性强的孩子，父母需要特别注意，因为这种性格需要正确引导，只有这样，才能让孩子逐渐改掉喜欢打人的坏习惯。

小贴士

1.冷静对待孩子的打人行为

当孩子出现打人行为时，父母需要冷静。假如孩子一打人，父母就表现得太紧张，对孩子的什么要求都答应，那孩子就会认为打人是有用的，这样只会助长孩子的打人行为。而有的父母表现太过激动，这样也会给孩子留下深刻的印记。

2.了解孩子打人的原因

父母应该了解孩子在什么样的情况下会产生攻击行为，为什么会产生攻击行为，然后否定其攻击性。比如孩子喜欢抢其他小朋友的玩具，那父母就应该要求孩子把玩具归还给小朋友，并告诉孩子打人是错误的，以此减低孩子攻击行为的内心动机。

3.引导孩子养成良好的行为方式

父母可以以身作则，与长辈、邻居、朋友保持友好的关系，告诉孩子人生来应该属于群体，而群体需要协作而不是敌意。比如，要想让其他小朋友喜欢自己，应该友好、团结，这样才能赢得小朋友的青睐。

4.温和而坚定地引导孩子

当孩子打人的时候，父母应该有正确的态度，温和而坚定地引导孩子：打人是不对的，是不允许的。温和地告诉孩子这些道理，反复具体地讲，孩子就会知道打人是不对的，就会慢慢控制想要打人的心理。

5.提高孩子的自信

父母应该让孩子知道一件事，除了打人，还有其他的表达方式，可以好好说话，或者用友好的行为，才可以解决问题。一旦孩子懂得这些道理，自然就不会再选择用攻击行为去交流。在这个过程中，让孩子慢慢成长，一旦发现孩子细微的进步，应及时表扬，让孩子感受到爱，从而强大内心。

6.别让孩子从攻击行为中获得好处

其实，孩子并不是故意通过打人来抢东西，而只是一种本能的自卫或是生理特征。一旦孩子从攻击行为中获得利益，比如得到自己想要的玩具，那他就可能把打人和获得玩具联系起来，也就越来越喜欢用攻击行为来与其他小朋友交流。

第 02 章

挑战与期望，孩子需要被理解

当父母的期望值过高，孩子便产生逆反心理，想挑战家长的权威。这时候，父母应该从正面进行管教，理解孩子内心的压力和情绪，降低对孩子的期望值，并且引导他们走出压力的怪圈，进入成长的顺利期。

我的厌学症

一位深感排名压力的孩子说：“在读小学的时候，老师是不允许给学生打分数的，更不能公开成绩，老师一般用‘优’‘良’等替代分数。谁知道一进了初中，各种排名接踵而来。为了刺激我们的上进心，每逢考试，老师必定当着全班同学的面儿，一一公布成绩和排名，这让我们这些排在后面的学生心里很受伤。”据教育专家调查发现，75%的学生对公布分数和排名次感到紧张、害怕，不少学生听完分数后会在课堂上哭起来，还有一些即使在课上不表达，回家也会偷偷抹眼泪。

长期以来，人们习惯用“成绩排名”作为激发孩子努力学习的重要手段。孩子的成绩在班里排在什么位置，在年级里排在什么位置，属于差生还是优等生，老师和父母都很清楚。虽然，成绩排名在某种程度上来说，这是一种挫折教育，但是，也会给孩子心理造成巨大的压力。作为父母，应该及时与孩子沟通，帮助他缓解压力，正确看待自己的成绩，真正达到激励孩子进步的目的。

在某中学门口，几位家长和老师诉起了烦恼，一位妈妈说：“女儿才上初一，已经长出了两根白头发，这可怎么办？看到孩子早生华发，自己觉得很伤心。”这话一说，引起了在场家长的共鸣，一位母亲说：“别看孩子才上初中，承受的压力并不少，学校每次考试都排名，孩子既痛恨又无可奈何。每次考试回来，总是一副愁眉苦脸的样子，我知道，孩子很担心自己名次下降了。作为父母，看见孩子这样，真是很痛心啊。”

另一位家长深有同感，他讲述了自己孩子的事情：“我女儿今年十五岁，下半年考入本地一所重点高中，入学几个星期之后，学校进行了一次考试，女儿从入学时的班级前20名一下子滑落到30多名，顿时，一股无形的压力随之而来，对她来说，这样的压力是前所未有的。就在眼下，学生的座位也是根据学生成绩来安排的：成绩好的近水楼台先得月，前几排就座，而成绩不好的坐在最后面，渐渐的也就对学习失去了信心。”

面对父母的讲述，许多老师表示很无奈，某中学老师说：“我觉得公布考试排名，对孩子来说是不利的，本来学习压力就很大，加上排名就更压得孩子喘不过气来，做了这么多年的老师，我也深感无奈。”一位从事20多年教育工作者的老师认为，由于教育部门不允许中小学考试排名，目前大张旗鼓排名的情况很少，只是某些学校私下进行排名。当然，成绩排名自然给孩子带来一种无形的压力，对此，父母该做些什么呢？

许多父母认为“在升学压力面前，想要取消考试排名，其实也不现实”，对此，可以多方面因素综合起来，以刺激孩子，把成绩变为鼓励孩子学习的一种方式。成绩可以排名，但是以比较隐秘的方式告诉孩子，这样既提高了学习成绩，又刺激了他的心理。不过，在“排名压力”面前，父母还需要一些教育措施，帮助孩子抵抗压力。

小贴士

1.积极引导孩子正确对待“挫折教育”

其实，排名也是一种挫折教育，在成绩隐性排名的过程中，让孩子体验到挫折，从而不断成长。初中升高中、高中升大学，有哪一次考试能离开了排名呢？你可以告诉孩子“如果不进行比较，怎么知道你进步没有呢？”这样一来，如果哪次考试名次降低了，他就会奋起直追。

2.以“排名”激励孩子

当意识到孩子正在为成绩排名压力而烦恼的时候，某位父亲是这样做的，他与孩子进行了一次谈话，先给他讲述了自己在中学阶段和参加工作后如何战胜几次压力的故事，然后回顾了孩子在小学和初中的“辉煌史”，增强孩子的自信心。最后，他对孩子说：“宝贝，物竞天择，适者生存啊！你将来走入社会不可避免地会遇到竞争，要想有一番作为，就得不断提高自己的实力，战胜对手，有竞争才会有压力，只有先扛住了压力才能赢得最后的胜利。”

3.不要太关注孩子的成绩排名

面对成绩排名，孩子既然感觉到了压力，那就表示他有上进心。作为父母，在这时，就不要再给他施加压力了。父母往往忽视了自己的关注对于孩子来说也是一种压力。孩子考试回来，父母不要问“今天考得怎么样？”而是问“累不累？赶快去休息一下吧”。

我偏要和你对着干

有一位青春期女孩对妈妈说：“为什么我一听见你说学习的事情就来气，我知道你是为我好，但我心里很反感，或许这是一种叛逆心理。假如你不跟我说学习的事情，我很愿意跟你亲近的，而不是像现在这样，我害怕与你交流。”可以说，这是一位青春期女孩的内心独白。

进入青春期之后，孩子在生理上发生了很大的变化，身体慢慢开始发育成熟。不过他们生理上的成熟并没有带来心理上的成熟，不少孩子在青春期出现了叛逆心理。通常青春期的孩子在心理特点上最希望表现出成人感，有较强的独立意识。

一位妈妈无奈地这样说：

女儿一直很乖巧，我和她一直像无话不说的朋友一样。不过昨天女儿当面撞我让我非常生气，恨不得揍她一顿。这好端端的乖巧女儿怎么会顶撞老妈呢？

事情的起因是我给女儿报了一个补习班，她一直不太情愿，最后几天是坚决不去，气得我把她骂了几句，她当时顶撞我说："你去给我报补习班，你经过我的同意了吗？你尊重过我吗？你这简直不像当亲妈的……"我气惨了，差点动手打了她，她最后坚决不去补习，我也没办法了。后来我在收拾女儿房间时，无意中看到了她的日记，大概内容是自己为什么不想去补课，因为一个同学都不认识，坐在教室里感觉很孤独。结尾，她是这样写的："爸妈从来不会考虑我的感受，只顾分数，就是因为分数，我失去了以往的活泼个性，我很高兴爸妈如此看重我的前途，不过为什么做任何决定都不经过我的同意？是国家规定我必须去补习吗？我之前也没有补习啊，我还不是考了前三名。我本来学习已经很累了，我不想去补习，我心情烦躁，我觉得压力大，你让我补习，我偏偏就不想去……"

青春期孩子的心理特征是：情感丰富，情绪波动大。青春期的孩子感情相对脆弱，有时开心，有时莫名伤心，对父母不愿意谈及心事，对朋友却可以敞开心扉，自我意识强。他们自我感觉像个小大人，不过思维情感却还是个孩子；他们开始偷藏自己的日记本，有成人的感觉，喜欢模仿大人的行为，比如涂指甲，讨厌父母的唠叨。不管自己对错，只要是来自父母的批评，她们都要积极反抗。

青春期孩子处于开放性与封闭性的矛盾中，他们需要与同龄人，尤其是与异性、与父母平等交往，他们渴望他人和自己一样彼此之间敞开心灵。不过，由于每个人的性格和想法并不一样，青春期孩子的这种渴求心理难以满足。甚至，有的孩子会把心里话诉说在“日记”里，这些日记中写下的心里话，又因为好强的自尊心，不愿意被他人所知道，于是就形成了既想让他人了解又害怕被别人了解的矛盾心理，同时也是他们与父母产生叛逆的原因。

小贴士

1.把孩子当成人对待

父母应该学会平等地面对孩子，把他们当作大人看，否则父母高高在上就不容易得到孩子的认可，得不到认可，就不容易知道他们心里究竟在想什么。不知道孩子的心事就难以对症下药，这样就达不到教育的效果。

2.不要总是拿孩子去比较

在现实生活中，许多父母总喜欢拿自己的孩子跟其他的孩子比较，给孩子一种强大的压力，其实这样的做法是欠妥当的。每个孩子都是独立的自己，他们也有自己的优点，只是经常被父母忽视而已。假如父母总喜欢拿自己孩子的缺点跟别人的优点比，那会挫伤孩子的自尊心，这样就自然会触动孩子的逆反情绪。

3.与孩子进行日记沟通

不论是父母还是孩子，都有心情不好的时候，这时不要把气撒在孩子身上，最好的方式就是写到日记里，然后给对方看。跟孩子约好，互相看日记，这样容易谅解对方。当然，这需要征得孩子的同意，也可以让孩子把心事写到纸条里交给父母，有啥烦恼第一时间回复孩子，帮助孩子走出心理困惑。

4.了解孩子叛逆的特点

父母可以通过了解孩子叛逆的特点，并告诉他这是这个年龄段的心理特征。实际上，叛逆的个性也并非全都不好，但需要引导孩子学会控制自己。假如他开始反驳父母，那证明他已经长大了。当然，父母需要告诉孩子叛逆的缺点和优点，帮助他顺利度过青春期。

5.倾听孩子的烦恼

实际上，叛逆的孩子不喜欢父母的唠叨，不过他们却喜欢向别人倾吐自己的心事。父母可以心平静气地当个好听众，他需要被倾听，这样会分散他们心中的委屈、烦恼。父母可以跟孩子一起去野外散步，或跟孩子一起运动，这样彼此都感觉会很轻松。

6.少批评，多鼓励

对正处于青春期的孩子，父母应该以鼓励教育为主。这个年龄阶段的孩子最反感的就是批评，假如父母经常批评他们一定可以激起其内心的反感。反之，假如父母经常发现他们身上的闪光点，鼓励他们，激励他们，那他们就会如父母所想的那样去努力成长。

我不再是小孩子了

为什么孩子长大一些，就变得和以前不一样了，不听话了，这是许多父母都感到棘手的问题。教育专家表示，孩子正值成长期的时候，生理、心理都有很大的变化。在这个时期，父母不能再像以前那样直接干预孩子的生活，而应该从思想入手，增进亲子沟通。否则，孩子容易产生逆反心理，甚至产生敌对情绪。

孩子一方面觉得自己已经是个成年人，竭力想摆脱父母的管教，不愿意被当作小孩子，渴望有独立的人格，渴望得到父母的接纳、理解和尊重。同时，希望获得某些权利，找到新的行为标准并渴望变换社会角色。在这个过程中，一旦他们自主意识受到阻力，人格发展受到限制，他们就会反抗。此外，由于他们的社会经验不足，自我生活能力还比较差，尚不能完全摆脱父母，因此他们的内心会产生各种各样的困惑与焦虑。

一位妈妈这样无奈地说：

女儿小时候特别黏我，直到六七岁还跟我一起睡。后来为了让孩子独立，给她专门准备了一个房间。现在女儿13岁了，在学校读寄宿，偶尔回来，因为太想念孩子，我会主动提出："宝贝，今天妈妈跟你睡，好不好？"这时女儿便会不耐烦地说："我这么大了，还要跟妈妈睡，传到我同学耳朵里多丢人啊，你自己回房间睡吧，别管我了。"被女儿嫌弃的感觉还真不好受，怎么她现在跟我都不亲热了？

女儿有时晚上跟同学会玩到10点钟才回来，爸爸很担心她。有一次，女儿出去玩之前，我们就问到了女儿玩耍的地址，到了9点，女儿还没回来，我跟她爸爸都急了，又是女孩子，万一出点事情怎么办呢。我们越想越害怕，赶紧跑去女儿玩耍的地方，女儿看到我们，脸色很难看，不过还是跟着我们回来了。不过，一到家，她就开始发脾气："拜托你们不要跟着我，好吗？"我很伤心："爸妈也是担心你啊，你一个女孩子，深更半夜的，在外面玩什么啊……"女儿情绪很沮丧："妈妈啊，我不是小孩子啦，我可以保护自己的，都是同学一起玩，能有什么事情啊。"说完，就跑进她的房间，剩下无奈的我们。

中国的父母总是过分关心孩子的事情，一旦孩子遇到困难了，他们比孩子还忧心忡忡；一旦孩子出现失误，他们就觉得自己有很大的责任。孩子在物质生活上依赖父母，父母在精神生活方面依赖孩子。假如父母用成年人功利的价值取向要求孩子决定取舍，当孩子的发展不能满足自己的期许时，就会产生教育职能被剥夺的焦虑。

父母对孩子的过分保护会产生两种极端的后果，一方面孩子对父母的指引全盘肯定，对父母过于依赖，形成思维惰性，没办法选择适合自己的生活道路；另一方面，孩子对父母的要求全盘否定，陷入盲目的亲子敌对关系中，强化成长期的叛逆心理。再者，父母对孩子辨别能力的不认同，总是入侵孩子的私人空间，会造成孩子自我形象低下，他们会将自己许多成长期普遍存在的适应不良问题都归纳为父母的教育问题，从而激化亲子矛盾。

小贴士

1.保持孩子独立的人格

父母和孩子都是具有独立人格的个体，谁也没有必要为了对方而牺牲自己，更不可以将自己的主观意志强加给对方。这就意味着父母与孩子之间应保持适当的心理距离，不要过于卷入。父母不可能始终陪伴在孩子身边，为他的一切选择做主。为了孩子未来能够适应社会，现在就要培养孩子独立的人格。

2.做好亲子沟通工作

心理学家认为，引导成长期的孩子，最主要的就是做好亲子沟通工作。与孩子建立良好的亲子关系，不能忽视孩子的存在，更不能破坏性地批评和强迫，这会大大地损害他的自尊心。有的父母总喜欢拿自己孩子的短处与别的孩子的长处做比较，这会引起孩子强烈的抗拒心理。假如当众管教孩子，那他的逆反心理会更强烈。父母只有多鼓励和表扬孩子，才能拉近彼此之间的亲子关系。

3.培养孩子的自主性

自主性包括独立性、主动性和创造性三方面。父母在日常生活中要注意培养孩子的自主意识，鼓励孩子自己做主，允许他偶尔做一些不明智但安全的决定，引导孩子从错误中吸取教训。

4.对孩子的爱不需要附加条件

父母要给孩子最纯真的爱，不过不能在“爱”的情感中附加任何条件。有的父母关心照顾了孩子，就要求他回报优秀的成绩。久而久之反而适得其反。而且，父母需要充分信任孩子，有的父母总希望随时监视孩子，知道他的所有事情，知道他的一举一动，这会让孩子十分反感，从而破坏了亲子之间的信任和关系。

5.对孩子不要强行“溺爱”

备受冷落的孩子希望得到父母的关爱，渴望得到自由的孩子却被父母强行“溺爱”，似乎不能自由呼吸。一旦孩子进入成长期，父母需要记住：不要想方设法去控制他。假如希望孩子好，就要沉下心来帮助他找出自身的价值观，以平等的方式创造、增大或转移孩子在乎得价值，使孩子产生推动自己的行为。

我不是故意发脾气

处在成长期的孩子，至少面临着三方面的压力和挑战：一方面身体正在迅速发育，尤其是性方面的发育和成熟，让他们积蓄了大量的能量，容易兴奋过度；另一方面，他们学习任务比较重，所承受的心理压力很大。第三方面，随着年龄的增长，他们渴望对外部社会有更多的了解，人际交往也逐渐增多，各种各样的信息纷至沓来，这就使他们需要处理的问题越来越多，越来越复杂了。

女儿进入成长期之后，突然就性情大变，经常惹得妈妈很生气。有一次，一家人高高兴兴地出去玩，刚开始女儿兴致也很高，和她表弟玩得挺开心的，妈妈还给她买了一个小礼物，她很开心，一路上都有说有笑。吃饭时，小表弟看着女儿的礼物说他也想要同样的礼物，当时妈妈想一会出去再买一个吧，当即就把女儿的礼物递给他。这一幕被女儿看到了，刚才还在高兴的她脸上没有了笑容，愣了一会儿，直接从小表弟手上抢过小礼物，转身就扔在地上，这还不解气，还使劲跺了几脚。妈妈惊呆了，一向听话的孩子怎么就性情大变了呢？

有一天下午，由于隔壁家的孩子在家里玩，正巧马上要准备吃晚饭了。当时还是女儿邀请对方在这里吃饭，妈妈和爸爸也答应下来了。在饭桌上，女儿给爸爸夹了一块糖醋排骨，正好邻居家孩子说：“我也想吃。”于是爸爸就将那块糖醋排骨放到了那个孩子碗中，女儿看到了脸色有些不对，默默低头吃饭，不一会儿，妈妈发现女儿眼睛都红了。这孩子是怎么了？

以上这三方面的压力常常交织在一起，矛盾此起彼伏，尽管说孩子们生活的内容大大丰富了，不再像幼儿园、小学时那样单纯容易了。但这时，他们的大脑的神经机制并没有发育健全，调节能力还比较差，所以面对各种压力和刺激，便很容易产生心理不平衡。孩子又不像成年人那样善于控制或掩饰自己，常常喜怒皆形于色，便显得情绪忽高忽低，十分不稳定了。

尽管说情绪不稳定是成长期孩子的心理特点，不过由于情绪的波动会给孩子们的生活带来一定影响，比如影响与他人的关系、分散学习注意力，长期的恶劣情绪还会使孩子生病，所以父母要及时引导孩子调节自己的情绪。

小贴士

1.正面积极引导

成长期孩子情绪很受自尊心影响，特别是青春期的孩子自我意识快速发展，有着强烈的自尊心，爱面子，他们迫切希望自己有独特之处，并开始注重自己的外表。这些都是成长期孩子的共性，父母可以对此正面引导。在许多事情上给足孩子面子，尊重孩子的话语隐私权，别动不动就对其进行批评说教，随便翻他的东西。

2.不要太过在意孩子的情绪

成长期孩子的情感世界充满着风暴，情绪波动大。当他们赢得一点点成绩，就会沾沾自喜，得意忘形；若是遇到一点挫折，就会悲观失望，甚至心灰意冷。在这段敏感时期，父母应多注意观察孩子的情绪状态，少唠叨，切忌给孩子带来新的刺激。假如亲子关系不错，那成为孩子最忠实的听众即可。

3.鼓励孩子交友

成长期孩子有着强烈的交友意识，他们渴望结交志趣相投、年龄相仿、能够互相理解、分享生活感受的知心朋友，他们也比较在意别人眼里的自己。有时候为了朋友的平衡与协调，宁愿自己受委屈。对别人的嘲笑、蔑视比较敏感。所以，父母避免给孩子带来不公平、委屈的感觉，更不要漠视不管，需要和孩子分享交友过程中的收获，而不是挑剔指责他们

交友不当。即便他所交的朋友有问题，父母的指责也没有任何效力，这样只会把孩子推到朋友身边去。

4.旁观孩子与异性交往

在异性交往方面，成长期孩子经常是既好奇又充满困惑的。有的孩子见到异性就脸红，畏首畏尾；有的孩子活泼大方，和异性朋友交往过密。假如孩子在家里与父母沟通不畅，那他很容易找一个异性的朋友吐露心里话。这时父母不能武力镇压，简单粗暴地打压只会把所谓的早恋逼入“地下”，孩子们会更加坚定地朝着相反的方向走去。面对这样的情况，不如冷处理，先了解情况，再做具体的策略，或是引导孩子与异性朋友交往，或是帮孩子分析与异性之间的关系，当然，这些都需要事先征得孩子的同意。

为什么没人理解我

孩子进入成长期，他们会感觉到许多烦恼，比如父母的关心不再像过去那样能够打动心扉了，反而觉得唠叨刺耳；似乎老师也在他们心中失去了往日的威信，自己做什么事情都得不到他人的理解；即便平时关系挺不错的同学，现在也不会那么亲密无间、无话不谈了。而自己总是一肚子的不痛快，这该跟谁说呢？难道成长期，自己注定是孤独的吗？

父母也会有所发现，他们常常发现自己的孩子，小时候像小鸟似的对自己叽叽喳喳说个不停。但长大后，特别是进入成长期之后却守口如瓶，不会对自己说心里话。孩子为什么会这样呢？

德国心理学家斯普兰格说：“没有谁比青年人从他们孤独小房里，更

加用憧憬的目标眺望窗外世界了，没有谁比青年在深沉的寂寞中更加渴望接触和理解外部世界了。”这种孤独感正是成长期孩子自我意识发展的一种表现，随着年龄的增长、社会经验的丰富和自我探索的深入，成长期孩子会慢慢获得一种熟悉自己、对自己有信心、有把握的感觉，这时他们就能够独立思考，乐于交流了。

女儿已经上初一了，变成了名副其实的宅女。有时候经常会在QQ心情上发一些莫名奇妙的话，比如“为什么所有人都不理解我呢”“我觉得好无聊”“我一个人好孤独”“寂寞是一群人的狂欢”……有时我会问她：“你最近有什么不开心的事情吗？”女儿则会摇摇头，吃了饭就回到自己的房间里，不是写日记，就是玩电脑。

以前她性格很开朗的，父母还常常因为她太过于活泼而头疼。后来不知道为什么，回家后话也很少，有时忍不住多说她几句，她就一脸不耐烦，嫌唠叨。

心理学家认为，进入成长期的孩子都有一种体验：觉得自己是大人了。他们好像一夜之间就成熟了起来，进入第二次心理断乳期的少女们总会时常感叹：“没人理解我！”“我好孤独！”为什么孩子进入成长期之后会感到特别孤独呢？由于成长期是儿童向成人转变的过渡阶段，在这个阶段，关于自己和社会的信息繁杂，他们需要不断地思考，最后才能确定自己的生活目标。

这个过程一开始，孩子们往往不知道自己想干什么，能干什么，自己是一个什么样的人。社会赋予他们的角色一下子增多了：不但要作为子女，在学校还是学生；在同学中，想要成为被人接纳和肯定的人；希望得到成年人的尊重和信任。孩子要在不同的环境中“扮演”好相应的角色，这并不是一件很轻松的事情，不过他们又希望表现得特别独立和成熟。所以他们的心里开始出现矛盾：一方面特别需要和别人探讨和交流，另一方面又不愿意敞开心扉。

小贴士

1.客观面对孩子独立意识的发展

当孩子步入成长期，自我意识开始慢慢增强，逐渐开始重视身边的人对自己的看法，会产生很多独特的想法和对未来美好生活的向往。不过这些想法往往被一些父母认为是“幼稚”“异想天开”，假如孩子的表现得不到众人的认同，为了不受到父母的嘲讽，他们便将自己的想法和内心秘密封存起来，用诸如埋怨或沉默的表达方式来对抗。

所以，作为父母要遵循孩子的心理特征，不要对其严加管制，免于引起孩子想摆脱父母监护的心理抵触。平时要多理解他们的心理状态，用平等、协商的口吻，疏导、引导的方法，避免使用训斥、命令和强迫的方法对待孩子。

2.引导孩子使用“情绪分解法”

父母可以引导孩子使用“情绪分解法”，让孩子把生活中的压力与孤独罗列出来，一一写出来之后，让其惊奇发现，只要孩子能逐个击破，那这些所谓的压力孤独，就可以逐渐化解。

3.鼓励孩子大声哭出来

心理学家认为，哭可以缓解压力与孤独。心理学家曾给一些成年人测验血压，然后按照正常血压和高血压编成两组，分别询问对方是否哭泣过。结果大部分血压正常的人都说他们偶尔哭泣，而那些高血压患者却说自己从不哭泣。当孩子因为什么事情而感到苦闷时，父母可以鼓励其大声哭出来，从而达到宣泄情绪的目的。

4.鼓励孩子多读书

孩子在书的世界里遨游，所有忧愁、孤独和悲伤便会被甩在脑后，一切烟消云散。平时父母需要鼓励孩子多读书，因为读书可以让他在潜移默化中慢慢变得心胸开阔、气量豁达，不再害怕压力与孤独。

我讨厌被管着

心理学研究认为，进入逆反期的孩子独立活动的愿望变得越来越强烈，他们觉得自己已经不是小孩子了。他们的心理会呈现矛盾的地方：一方面想摆脱父母，自作主张；另一方面又必须依赖家庭。

这个时期的孩子，由于缺乏生活经验，不恰当地理解自尊，强烈要求别人把他们看作是成人。假如这时父母还把他们当成小孩子来看待，对其进行无微不至的关怀、唠叨、啰嗦，那孩子就会感到厌烦，感觉自尊心受到了伤害，从而萌发出对立的情绪。假如父母在同伴和异性面前管教他们，其“逆反心理”会更强烈。

女儿已经13岁了，变得总是喜欢和父母顶嘴，明明无理还要争辩。平时让她干什么事情，总喜欢等大人发了脾气才会行动。而且，挂在她嘴边最常的一句话就是：“要你管我？”

女儿平时不愿意跟父母交流沟通，处处与父母对立，不是频繁地发脾气、与父母争吵，就是乱扔衣服、不写作业，有时还会逃学、夜不归宿。父母没有说两句话，女儿就会摔门而去，或者说：“得了，得了，我什么都懂，一天到晚数落什么，我不需要你们管！”在学校与同学关系也不和睦，说话总是尖酸刻薄。老师教育她，嘴皮都说破了，她依然不为所动。

父母为此都愁死了，不知道该怎么办。

许多父母经常抱怨孩子越来越不听话了，整天不想回家，不愿意与父母说心里话，做事比较任性。而孩子却说，父母一天到晚唠唠叨叨，规定这不许，那不准，真是讨厌。显然，父母与子女是在对着干。

小贴士

1.正确“爱”孩子

父母应该意识到，对孩子过分的溺爱，实际上是害了他。父母应对孩子既要爱护又要严格要求，对孩子不合理的要求，不能无原则的迁就。假如孩子的企图第一次得逞，之后就会习惯由着自己的性子来，到时候父母想管教亦是无能为力。当孩子生气时，父母应避免大声斥责。这时可以让孩子做一些能吸引他的事情，稳定其情绪，转移其注意力。等到孩子情绪稳定之后，再耐心地教育他。

2.对孩子采取温暖的方式

很多父母认为因为孩子是自己的，想打就打，想骂就骂，这好像是很正常的。其实这样的教育方式恰恰错了，效果会适得其反。父母可以换个角度思考，站在孩子的立场，教育孩子，处理突发事件。父母应以情感人，以理服人，毕竟小孩子一时半会想不通，需要留给他们一些思考的时间。

3.冷静面对孩子的逆反心理

通常孩子不太懂得控制自己，当他对父母的管教不服气时，可能情绪会比较激动，可能会冲父母发脾气，可能会有过激的言语和行为，这时父母千万不要跟着孩子一起着急，要想办法控制孩子的情绪，可以先把事情暂时放一放。即便孩子顶嘴，父母即便再生气也要保持冷静，控制住自己的情绪，不能一看到孩子顶嘴就火冒三丈，甚至对孩子拳脚相加。因为这样做不仅无助于问题的解决，反而会使双方的情绪更加对立，孩子会更加不服气，父母会更生气，这样只会激化矛盾，不利于任何事情的解决。

4.与孩子聊天

当孩子有了逆反的苗头时，要与孩子进行一次亲切的聊天，明确告诉他逆反是一种消极的情绪状态，父母、老师、同学都不喜欢，会影响自己的人际交往。长时间下去，孩子会变得蛮横无理，胡作非为，不利于自己身心和谐正常发展。父母可以告诉孩子：对孩子的逆反，做父母的有多担心和顾虑，让他感受到他的逆反给身边的人造成的感情负担。

5.父母教育方式要保持一致

在面对孩子的教育问题，父母要保持一致的思想。不能父亲这样说，母亲又那样说；父亲在严厉地教育孩子，母亲却在一边护短。面对孩子的教育问题，父母可以先商量一下策略，口径一致后，再与孩子进行交流。

6.批评孩子有技巧

不讲方法、不分场合地批评孩子，孩子犯了一个错误就把他过去的种种错误全都翻出来，随意地贬低和挖苦孩子，教育孩子时连同他的人格一起做出批判，这些是很多父母的通病，也容易引起孩子的逆反。减少孩子的对立情绪，父母不能滥用批判，批评孩子前先要弄清事情的原委，分清场合，更不要贬低孩子的人格，批评孩子时要考虑孩子的情绪。而且，好孩子都是夸出来的，对孩子要多些表扬少些责怪，经常想想孩子的长处，关注孩子的点滴进步，寻找孩子身上的闪光点。这样一来，孩子平时受到的表扬和鼓励多了，犯错误也容易接受父母的批评。

7.尊重孩子独立要求

有的父母出于对孩子的关心，一心一意想让孩子在自己的庇护下长大

成人，而孩子开始有强烈的独立自主要求，对父母强压给的想法和观念十分不满，从而容易逆反，容易与父母产生冲突。对于孩子的合理意见，父母要尊重，不要对孩子发号施令，以免让孩子产生抵触心理，对孩子尽可能地用商量的口吻“我认为”“我希望”，以此改善孩子与父母的关系，减少孩子的逆反心理。

8.倾听孩子的想法

父母要善于聆听，让家里时时刻刻都有一种“聆听的气氛”。这样孩子一旦遇上重要事情，就会来找父母商量。父母需要抽出时间陪伴孩子，比如利用共聚晚餐的机会，留心听孩子说话，让孩子觉得自己倍受重视。父母需要做的是顾问、朋友，而不是长者，只是细心倾听，协助抉择，而不插手干预，仅仅是提出建议。

第 03 章

尊重与合作，给孩子正确的爱

正面管教孩子，首先就要尊重孩子。毕竟，孩子最初的受人尊重的感觉就是从父母那里得到的。父母与孩子之间应该是尊重与合作的关系，给孩子他所需要的，那才是最正确的爱，才能让孩子更顺利地成长。

一定不要忘记夸孩子

关于怎样教育好女孩子，对每一位父母来说都是很棘手的问题，尤其是面对逐渐变得叛逆的女孩子，许多父母真是没辙了。打也打了，骂也骂了，可就是不见效果，孩子总是不听话。

其实，随着年龄的增加，孩子愈来愈叛逆，凡事都喜欢和父母唱反调，而且你越是打骂他就越嚣张。有父母抱怨“我已经管不了她了”，难道问题真的有那么严重么？

小雯13岁了，妈妈逢人就说：“这孩子，一点也不懂事，不听话，不好好学习，每天就跟她那些所谓的好朋友混在一起，都不晓得她一天在干什么……”这时，小雯总是阴着脸，不说一句话。不过，她依然是我行我素，从来不听妈妈的话。

遇到亲戚给小雯买衣服之类的，妈妈也会说一句：“别给她买这些，她又不听话，没资格享受这些。”小雯很委屈地说：“那我有资格享受什么呢？享受你一天说我的不好吗？既然我这么不好，你为什么还要养我呢？”几句话问得妈妈哑口无言，妈妈也不知道，这孩子究竟是怎么了？

父母要想教育好女孩子，就要在孩子面前多夸夸她的优点。俗话说：“好孩子是夸出来的。”这也是无数父母从亲身实践中总结出来的经验，女孩子“叛逆”，这是青春期女孩子的特征，父母需要循循善诱，切不可正面冲突。如果你还是沿用“棍棒”教育，让孩子屈服于你的威严之下，那么，这样只会让孩子更加反感，不仅会影响亲子关系，对孩子的一生也是不良的影响。

父母应该以另外一个角度来看待自己的孩子，多看到孩子的闪光点，进行正面引导，这样孩子就会在夸奖赞扬中逐渐改变那些不良的习惯，而且还能够树立起自信心和上进心，形成良好的行为习惯。

小贴士

1.对孩子以赏识教育为主

在当今时代，随着社会的进步，人们观念的改变，许多父母都认识到了“棍棒”教育带来的弊端，并逐渐以赏识教育为主。的确，赏识教育作为新兴的一种教育方式，它主要是赏识孩子的行为结果，以强化孩子的行为，也是赏识孩子的行为过程，以激发孩子的兴趣和动机。

赏识教育是一种尊重生命规律的教育，逐渐调整了无数父母家庭教育中的“功利心态”，使家庭教育趋向于人性化、人文化的素质教育。所以，父母在家庭教育中，应该摒弃落后的“棍棒”教育，改为以赏识教育为主，这样才有利于培养孩子养成良好的行为习惯。

2.多发现孩子身上的闪光点

一个孩子可能会很叛逆，也可能学习成绩很差，但这时候，父母不要只看到孩子的缺点，忽视了他的闪光点。每个孩子身上都有闪光点，只要父母做个有心人，一定能在生活的点点滴滴中发现的。可能他比较叛逆，但乐于助人，他语言能力也可以，还可以自己编故事，他的绘画也很不错，所画的作品还在班上展出过呢。这样一想，你就发现夸奖孩子其实并不难。

只要孩子有一点点进步，作父母的都不要忽视，要给予真诚的表扬。“你今天一回家就开始写作业了，这个习惯真好，我相信你会天天这样做，是吗”“今天你跟爷爷说话时用了‘您’，语气也比以前更有礼貌了，很不错”。长久以往，你会发现女儿在一次次的夸奖中变得越来越有自信了，学习的兴趣也一天比一天浓厚，行为习惯也一天比一天好。

3.对孩子说话要注意语气

随着年龄的增长，孩子的自我意识越来越强，他也有自己的自尊心，也有自己的面子。但许多父母还是把他们当作什么都不懂的孩子，想对孩子说什么从来不考虑自己的语气。这时候，孩子是比较敏感的，父母稍微有种不耐烦的口气，孩子也能感觉到，他会觉得自尊心受伤；如果父母当着许多人的面数落孩子的缺点，这更会让孩子觉得无地自容。所以，在任何时候父母都要注意自己对孩子说话的语气，以夸奖激励为主，切忌语气太重了，另外，在外人面前也千万不要数落孩子的缺点，这会让他感到自卑。

4.对孩子的成绩予以大方的夸奖

有时候，孩子取得了不错的成绩，父母心里虽然也很高兴，但总是给孩子浇一盆冷水“这次成绩还行，可你同桌还比你考得好哩”，这样一个转折一下子就把女儿的自信心毁灭了。对于孩子来说，她们的心理还很简单，她只希望得到父母的夸奖，如果父母有一点点微词，她就觉得没有了自信心，进而产生自卑的心理。所以，当孩子取得了成绩，父母千万不要浇冷水，要给予大方的夸奖，增强孩子的上进心。

5.对孩子的夸赞也需要适度

当然，“好孩子是夸出来的”并不是完全绝对的正确，教育孩子一味地靠夸奖也是远远不够的。而且，有的父母更是坚持“孩子都是自家乖”的想法，这样一味娇宠，对孩子的成长也是极为不利的。无论是夸奖还是批评都应该是适当的，父母不能把孩子捧得太高，这样一不小心摔下来了，孩子和父母都是承受不起的。好孩子是夸出来的，父母更要拿捏好“夸”的度，这样才能培养孩子良好的行为习惯。

孩子被忽略的心理需求

常常听到孩子这样抱怨：“父母根本不理解我们的需要，他们想说的就说个没完，而我想说的他们却心不在焉。”孩子有着这样的烦恼是普遍存在的。其实，孩子内心里有着许多想法，他们也有欢乐、有苦恼、有意见，如果父母没能主动走进孩子的内心世界，孩子有了意见没有得到及时的交流，那么父母与孩子之间的鸿沟就会越来越大。

父母埋怨“孩子不理解自己的一片苦心”，孩子也抱怨“父母根本不了解自己”。孩子在这一阶段已经逐渐有了自己的内心小世界，由于惧怕、害羞等多种原因，他们会封闭自己的内心世界，不会轻易向父母吐露自己的内心想法。这时候，就需要父母主动走入孩子的内心世界，倾听孩子所思所想，读懂孩子的烦恼与快乐，真正成为孩子的知心朋友。

一天，女儿放学回家后若无其事地告诉妈妈：“今天上午上数学课的时候，我居然睡着了。”上课的时候居然睡觉？妈妈听到这话就生气了，责备：“上课时睡觉，你说我辛辛苦苦挣钱供你读书，你都做啥了，你要这样做？”女儿有些委屈：“我觉得困了就小眯了一会儿，睡了起来看见老师正在讲课，我都不知道自己睡了多久，也没人叫我。”“睡觉，睡觉，我让你睡觉！”妈妈开始拿着鸡毛掸子打女儿，只听见女儿的哭声。

过了一周学校开家长会，老师向妈妈反映："孩子很喜欢上课时睡觉，当着全班同学的面都批评了好几次，她还是这样，一点也不改进，希望你们管教一下。"妈妈回到家，对女儿又是一顿打骂，女儿泪流满面。

心理学家认为，父母与孩子之间的沟通，孩子是掌握着主动权的，因而有的父母就会说"他心里有什么想法，那也得开口向我说，否则我怎么能走进他的内心世界呢"。其实，孩子心中都有一定的惧怕心理和羞涩心理，自己即便是有一些想法，也不会主动告诉父母，而是需要父母引导孩子说出来，或者父母通过自己的方式来了解孩子，走进孩子的心灵世界。教育专家认为，要想走进孩子的心灵世界，就要和孩子交朋友。

小贴士

1.主动与孩子的老师沟通

有的父母没有主动与孩子老师沟通的习惯，他们认为孩子在学校就应该是学校的责任，如果孩子有了什么事情，老师会主动联系自己的。其实，每个班级那么多学生，老师根本不会顾及到每一个学生，这就需要父母主动与老师交流。这样，父母能及时地了解孩子的学习表现和思想倾向，便于父母与孩子进行顺畅沟通，了解孩子最近的表现，有助于走进孩子的心灵世界。

2.冷静处理孩子的过错

明明知道孩子做错了，父母也应该保持冷静的心态，冷静地处理孩子的犯错行为。这时候，如果父母的情绪失控就意味着中断了自己与孩子的谈话，在孩子内心他是不希望看到父母失望，一旦父母表现出过分的失望和担忧，就会造成孩子隐瞒真实想法的严重后果。所以，当孩子犯了错误，父母要为孩子设身处地着想，要为孩子分忧，不要对孩子的所作所为大肆发表自己的意见或者大声指责，这样孩子就会对父母说出自己内心的想法和秘密。

3.了解孩子的内心世界

有的时候，孩子并不愿意向父母坦白自己的想法和意见，甚至也不愿意与自己的好朋友交流，他们喜欢写成作文和日记。这时候，父母可以从孩子的作文和日记中了解他的内心世界，当然，看孩子的作文和日记，一定要征求他的同意，毕竟日记是孩子的隐私，暴露出来是需要勇气的，这需要父母的理解。

4.与孩子成为朋友

父母要想主动走进孩子的内心世界，就要与孩子进行密切接触，消除距离感，成为“零距离”的知心朋友，这样孩子才会把自己的一些想法、做法告诉父母。

5.重视孩子的内心需要与感受

父母需要重视孩子的内心需要与感受，体会孩子的心声、苦恼，鼓励孩子表明自己的想法和感受。有时候，父母可能会不赞同孩子的一些行为，但是孩子内心的感受也是可以理解的。父母要明确，孩子对事物的感受或心理活动往往比他的思想更能引发他的行为。所以，父母应该重视孩子的感受，并对他的感受认真加以理解和评价，这样会促使孩子在你面前展露一个真实的内心世界。

6.给孩子战胜困难的勇气

当孩子面对没有做过的事情，或没有把握的事情，或者面对困境和挑战的时候，最希望得到父母真心的鼓励。告诉孩子“你能行”“不要怕”“再加把油”“你是个勇敢的孩子”“要有点冒险精神呀，宝贝”，可以鼓励孩子勇敢面对，大胆进取，不断努力和尝试。

7.认可孩子的观点和行为

孩子往往希望可以从大人那里得到认可，但我们似乎总是让他们失望。告诉孩子“你的看法有道理”“你一定有好主意！”“你的想法呢？”而不要轻易否定他们的看法和想法，不要驳斥他们的意见，学着鼓励孩子的意见，表达出自己的心声让他们按照自己的想法去做做看，去试探一番，宁愿他们从中得到教训，也不要轻易否定他们。没有试过，你怎么知道自己一定就比孩子们高明呢?

8.珍视孩子的进步

随时都要看到孩子的进步，并及时给予赏识，会让孩子重新建立做好事情的勇气和信心，否则会让孩子失去前进的动力。对于孩子任何的一点进步，都应该及时给予鼓励和称赞，欣慰的对孩子说“你长大了”或者“不要急，慢慢来，你已经有了进步。”“你一点也不比别人笨，妈妈每次都能看到你的努力和进步。”这些足以让孩子看到你对她的重视，产生“一定会做得更好”的勇气和信心。

孩子不是你想的那样

“你了解自己的孩子吗？”许多父母在被问到这个问题时，几乎所有的父母都会给予肯定的回答：“当然了解！”俗话说：“知子莫若父。”每一位父母在一定程度上都是了解自己的孩子的，并且他们能够说出一些孩子的特点。因为从孩子出生起，父母就是孩子最亲密最值得信赖的人，所以，父母可以肯定地说“我很了解自己的孩子”。但是，父母自己的看法却是不够全面的，有着很多偏差，以至于出现“察子失真”的现象，这究竟是什么原因呢?

在现实生活中，许多父母经常与孩子在一起，却对孩子的一些行为表现熟视无睹或者视而不见，大多数父母忙于自己的事业发展，为生活琐事所累，他们很少有时间来观察孩子、了解自己的孩子，所以，在父母心中并没有形成对孩子正确、全面的认识。其实，了解孩子才是教育孩子的前提。如果父母对自己的孩子都缺乏一定的认识，那又何谈教育呢?

放学路上，女儿一张苦瓜脸，无论妈妈怎么说，她就是不说话。妈妈憋不住了，因为刚才老师向自己反映说女儿上课总是和同桌聊天。妈妈情绪上来了，对女儿不分青红皂白就责备："听说你上课总是跟同桌聊天?你怎么回事呢?妈妈这么辛苦到底是为什么呢?你为什么总是做一些令妈妈伤心的事情呢?"女儿一脸委屈："我没有，我只是……"孩子还没来得及说完，妈妈就叫道："你只是什么?只是上课说话吗?你为什么总是喜欢为自己找借口呢?难道做了错事，还理直气壮地为自己找借口……"

回到家，女儿在日记本上写着：今天我感到很难过，因为妈妈在不了解真相的情况下批评我。也不问我为什么要这样做，就直接说我不对。其实当时是老师讲到了一个难题，同桌觉得没理解，就小声询问我，我当时就跟她讲解清楚。没想到就这样一件小事，老师冤枉了我，妈妈也冤枉我，难道我真的做错了吗?

英国教育家、思想家洛克指出："教育上的错误比别的错误更不可轻视，教育上的错误正如配错了药一样，第一次弄错了，决不能弄错第二次，第三次才去补救，它们的影响是终身洗刷不掉的。"家庭教育也是一样的道理，父母是孩子的第一位老师，担负着教育孩子的责任，这时候，父母首要的任务就是观察并了解自己的孩子。

小贴士

1.充分了解自己的孩子

有的父母觉得自己天天与孩子在一起，对他难道还不够了解吗？其实，许多父母对孩子的了解还停留在表面上，并没有通过细心地观察，他们的了解并不细致，也不够深入，对自己的孩子了解得并不深，没有从整体上把握孩子。父母可以在下班后，与孩子进行交谈，建立信任关系，观察孩子的情绪、性格特点、兴趣爱好，充分全面地了解孩子。

2.判断孩子切忌片面性

有的父母观察了孩子的行为，但他们总是带着片面的心理来判断孩子，对孩子的想法、行为以及做事判断得都不够准确。有的父母看到孩子某些方面很迟钝，就认为孩子很“笨”；有的父母觉得孩子唱歌不错，就觉得应该让他学习唱歌。父母这样片面性地判断，对孩子的成长极为不利。

3.经常与孩子聊天

在现实生活中，不少家庭普遍存在着与孩子的谈话不足的情况。许多妈妈与孩子每天的谈话都少于30分钟，爸爸则更少。但是，父母却花了更多的时间购物或者看电视，其实，作为父母，养成与孩子谈话的习惯非常重要。父母经常与孩子沟通，有利于培养孩子乐观开朗的心理素质，减少和预防心理障碍的发生。而且，父母在与孩子的谈话过程中，还可以通过对孩子言谈举止的观察，了解到孩子在这一成长阶段表现出来的特点。

4.观察孩子与同龄孩子的异同

除了观察自己的孩子以外，父母还要善于观察与自己孩子同龄的孩子。同龄孩子的身体、智力、心理发展特点都是类似的，如果自己的孩子最近比较沉默寡言，这说明他有心事了，或者显得比较早熟。此外，父母还可以制造一些情景，比如带着孩子参加活动，带着孩子造访亲友，这样都可以观察孩子与平时不同的表现，了解孩子的行为特点。

其实，孩子就在身边，关键是父母要做一个有心人，要通过孩子的一举一动，一个表情，或者是一句语言，了解他的心理、情绪，全面了解孩子，把握孩子内心深处的东西，从而对孩子进行有针对性的教育，促进他个性的发展。

请不要只和孩子谈学习

许多父母都很关心孩子的学习，眼睛总是死死地盯住孩子的学习成绩，每天就像例行公事一样冷冰冰地问候孩子“今天学习怎么样”“考试了吗，考得怎么样”，望子成龙、望女成凤的心理让他们忽视了对孩子健康的重视，尤其是孩子的心理健康。当父母的都在问候孩子学习情况，但是否有问“你今天过得快乐吗”，即使孩子有愉快的心情，在父母冷冰冰的语调下，以及板着脸的注视下也会消失得无影无踪。

于是，父母抱怨“孩子越大越不听话，连父母的话都不听了”“感觉到孩子与我有了很深的隔膜，也不像以前那样跟我亲近了”，问题的根源就是父母的微笑太少了，责备太多了；鼓励太少了，批评太多了。当孩子想与父母进行有效地沟通时，父母却关紧了自己那扇心灵之门，只留给孩子一张面无表情的面孔，试问，孩子还会与你亲近吗？

妈妈有些望女成凤的迫切心情，平时最关心的就是女儿的学习。每天女儿高高兴兴、蹦蹦跳跳地背着书包放学回来时，总是兴高采烈地喊上一句：“爸爸妈妈，我回来了。”在书房里忙活的爸爸应了一声，妈妈则板着脸问：“今天学习怎么样？布置了哪些作业？最近又考试没有？考得怎么样？”在妈妈的连珠炮般的追问下，女儿一张笑脸变成了苦瓜脸，悻悻地提着书包进屋学习去了。时间长了，女儿就有意地避开妈妈，放学回来也不像以前那样兴高采烈地高声呼喊他们了，而是偷偷地溜进自己的房间，有时候甚至把门也锁上。隔着房门，妈妈也是语气冷冽地问：“这次考试怎么样？”只是传来女儿闷闷地一声“嗯”。

离期末考试越来越近，妈妈感觉到了女儿与自己的距离越来越远了，女儿话更少了，总是一种郁郁寡欢的样子，有时候早上还发现她偷偷地抹眼泪。妈妈问她，她也不吭声，妈妈慌了，这女儿是怎么了。

心理学家研究发现，健康性格是感受和创造快乐的很重要方面，注重培养孩子快乐的性格，有利于孩子健康成长。孩子需要父母的微笑、需要父母友好的态度，而不是公事化的语调或者面无表情的一张脸。虽然父母是成年人，可能会有许多生活和工作上的烦恼，但是在面对孩子的时候，请对孩子多一些微笑，走进孩子的心灵深处，了解他的思想，把你的快乐传递给孩子，缩短与孩子之间的心理距离。

小贴士

1.营造和谐愉快的家庭氛围

有的家庭，气氛比较容易紧张，父母总是板着一张脸，为了点小事就吵架。心理学家认为，在这样家庭环境中长大的孩子，容易疏远父母，甚至容易出现不良的行为。家庭对于孩子来说是一个温馨的港湾，一个可以嬉笑快乐的地方，愉快的家庭气氛，可使孩子养成乐观积极向上的性格。同时，增加了父母与孩子之间的亲密度，因为父母那友好的笑脸给予了孩子信任与温暖。所以，父母之间互敬互爱，多对孩子笑笑，家庭气氛充满了欢声笑语，对孩子的健康成长来说是非常有必要的。

2.在孩子面前控制自己的情绪

有时候，父母也会因为工作和生活上的一些烦恼而愁眉苦脸，这时候，为了孩子健康成长，需要努力控制自己的情绪，面对孩子露出笑脸，让他感染快乐的情绪，与自己亲近起来。许多父母自己有了烦恼，就会对孩子大吼大叫，冷着一张脸，说话也是冷淡的语调；有的父母在孩子犯了错时，控制不住自己的情绪，对孩子施行打骂教育。这样时间长了，孩子就会逐渐远离父母，与父母之间的隔阂越来越深，根本不利于父母与孩子之间的顺利交流。所以，在孩子面前，父母需要努力控制自己的情绪，多给孩子一点微笑，多一些鼓励，这样孩子与你的距离就越来越近。

3.多一些微笑与鼓励，少一些责备与批评

家庭教育是教育的重要部分，家庭教育的方式也成为了重中之重。父母对孩子要多一些微笑与鼓励，少一些责备与批评。责备越多，孩子所受到的心灵伤害就越多，他的心对你增加了防御与反抗，父母与孩子之间的距离就会越来越远。所以，父母要改变自己家庭教育的方式，给孩子多一些微笑与鼓励，少一些责备与批评，做孩子最亲近的知心朋友。这样，在孩子的成长路上，你才能走进孩子的心灵世界，读懂孩子的真实内心。

好的教育不是高高在上的说教

把孩子放在平等的位置，与孩子成为朋友，这些道理父母都懂，但是，在与孩子沟通的时候，父母还是会犯一个严重的错误：父母始终把孩子摆在了自己对立面的位置，他们认为自己说什么，孩子就得听什么，凡事以自己为标准，有的父母甚至不知道怎样去放下自己的身段和孩子在平等的高度上自由地交流。

其实，孩子的心灵世界，远比父母想象的还要丰富，也比想象中更敏感，孩子会用自己的标准去判断事物的好与坏，去衡量父母在自己心中的位置。所以，要想了解孩子，与孩子进行顺利的沟通，并不是说几句简单的话就有效果，而是需要父母放下自己的高姿态，把孩子摆在与自己同等的位置上，这样才能进行有效而顺畅的沟通。

放学回来，爸爸让女儿文文赶快去写作业，文文磨蹭着脚步，嘀咕着说：“爸爸，我先把这本课外书看完，行不行？”正在为工作而闹心的爸爸有点不耐烦地说：“爸爸叫你去写作业，你就去写，不要在那里罗哩罗嗦，也不要在那里讨价还价，明白吗？没有看到爸爸正忙着呢。”“我也有说话的权利。”文文小声地说道，就赶紧溜回了自己的房间。

正准备发火的爸爸听到了女儿的那句话，有些不可理解：“你一个孩子，什么说话的权利？爸爸说这些话都是为了你好，你年纪还小，又没判断力，得听爸爸妈妈的。”

许多父母在孩子面前都是高高在上的姿态，言行举止中透露出作为父母的威严与不容侵犯的权威。于是，对面的孩子显得战战兢兢，在与父母的相处中，他学会了不讲道理，学会了“镇压”的方式，他甚至学会了父母的沟通方式。在孩子嘴里，也经常蹦出“闭嘴，我不想再听了”“你跟我说再多还是没有用，我已经决定了”等等这样一些字眼。

父母感到诧异，孩子怎么会用这样一种语气与自己谈话呢？要么，有的孩子对父母完全关闭了自己的心灵之门，无论父母怎么劝说，孩子就是不肯说出自己内心的想法。出现这样一些现象，都是因为我们的父母在很多时候，都习惯以高姿态来教育孩子。他们认为孩子什么都不懂，在很多事情上，父母擅自作主，不允许孩子有一点点逆反的意思，如果孩子提出

了异议，父母就会大手一挥：“你懂什么，该干什么就干什么去。”这样一种高姿态扼杀了孩子想表达的欲望，也断裂了父母与孩子之间亲密的关系，继而给双方的沟通带来一些阻碍。

小贴士

1.与孩子平等沟通

父母要想自己的想法被孩子所接受，就要找准自己的位置，放下自己的高姿态，与孩子进行平等沟通。父母与孩子的平等沟通，不仅仅是位置与角度都与孩子们一致，而是思想观念上的一致，尽可能地与孩子站在平等的位置上交流，了解孩子的思想，这样才能真正地了解孩子的所思所想，与孩子实现更有效的沟通。

2.父母应反思自己的教育方式

有的父母说自己的孩子越来越不听话，这时候，父母应该反思自己的教育方式，自己对孩子了解多少呢？是否与孩子是进行平等地沟通呢？孩子有自己的想法和意见，若父母发现了孩子想表达的欲望，就要循循善诱，让孩子大胆地表露出自己的想法，对于孩子的想法，父母如果觉得合理，可以给予支持。当父母实现了与孩子的平等沟通，父母才会更受尊重。

3.蹲下来，做孩子的朋友

父母感觉孩子会处处与自己作对，孩子感觉父母处处限制自己的自由，追根究底，就是父母没有能成为孩子的朋友。要想了解孩子更多，与孩子进行更加有效的沟通，就要放下自己的高姿态，做孩子的朋友。当你把孩子当成了朋友，平等地相处，他也就用心学习了，这样调动了孩子的积极性，让他主动意识到学习的乐趣，比打骂教育更有效。在你与孩子成为朋友的过程中，他体会到了尊重，体会到了与你相处的快乐，作为父母，你收获的是否会更多呢？

给孩子生气的权利

心理学家认为，每个人都应当学会发泄情绪，特别是孩子，他们心理承受能力差，也不会用大道理来开脱自己，要他们能很快调整心态，做到豁然开朗似乎比较苛求。最直接的方法就是将情绪发泄出来，这对他们的身心都有好处。

每个孩子都会有一定的情绪状态，比如恐惧、喜悦、悲哀、愤怒等。与成年人能够有理智地控制情绪不同，孩子的自我控制能力较弱，有了负面的情绪就会当场发泄出来。由于孩子年纪尚小，与人交往、沟通的经验尚浅，且对自己产生的情绪认识不清，所以在出现负面情绪时不知道该如何表达，只好自己寻找方式来进行宣泄。

在没有父母引导的情况下，孩子自发的宣泄方式往往是不当的，比如哭闹、攻击他人、伤害自己等。不过，即便孩子们发泄情绪的方式有些过激，父母也应给予充分理解，所需要做的不是阻止他们，更不是大发雷霆或使用暴力，而是让他们懂得发泄自己的情绪。当孩子情绪平复后，你会发现他比以前更懂事了，还会为自己的过激行为感到惭愧，并对父母的宽容心存感激。

小乐感冒还没有好，就想吃冰淇淋，妈妈不同意。小乐生气地挥着小拳头打妈妈，边打边嚷嚷：“打死你，打死你。”看见小乐这样表现，妈妈很是无奈。

小乐是个内向的小姑娘，她不喜欢说话，一遇上不高兴的事情，就狠狠地咬自己的手。小手上留下一个个的小牙印，让妈妈心疼极了。

孩子慢慢长大，心里想的东西越来越多，那种“给块糖就不哭”的日子已经一去不复返了。他们开始用心感受世界，寻找自己的朋友，开始将心里的一个角落封闭起来只装入自己的小秘密。有时，他们忽然觉得自己充满了矛盾和困惑，内心烦躁不安，想找个人大吵一架。

孩子的心理是脆弱的，压力使处于天真烂漫年龄段的他们有时会感到无所适从，假如他们总把学习、生活或是人际交往中遇到的所有不愉快闷在心里，时间长了，难免有一天会做出什么不可收拾的事情，还可能会造成心理障碍。

小贴士

1.避免轻易向孩子妥协

孩子的不良发泄有时是因为提出的要求没有得到满足，一些父母出于对孩子的疼爱或觉得烦躁，见到孩子哭闹就马上无条件“投降”，满足其所有要求。这样做的结果会让孩子产生误解，认为只要哭闹就会迫使父母就范，于是每当有不被允许的要求，就会哭闹、撒娇。

2.随时观察孩子的情绪

作为父母要有一双敏锐的眼睛，可以随时洞察孩子的情绪变化。当发现孩子情绪低落或反常的时候，引导他们找一种好的发泄方式，试着与孩子进行心与心的交流和疏导。或是带孩子到野外登山或进行激烈的体育活动，让其情绪得以释放；或兑现一件孩子期待很久的承诺以满足其平时的不平衡心理。这时你会发现自己的理解拉近了与孩子之间的距离，你们彼此之间相处会更和睦、更愉快。

3.避免粗暴对待

性格粗暴的父母看到孩子不良宣泄时，忍不住暴跳如雷，简单地用粗鲁方式直接压制，遏制孩子的发泄。这样的方法表面看起来效果明显，但实际上孩子是出于害怕才停止宣泄，原来的不良情绪并没有得到缓解，又多了被粗暴压制的痛苦，很容易出现情绪问题。长时间这样，孩子内心积压的情绪问题越来越多，性格会变得抑郁沮丧，终有一天会爆炸。

4.培养孩子广泛兴趣

培养孩子多方面的兴趣，鼓励他们积极主动地投入各种活动，广泛地与他人尤其是同龄孩子交往，是让孩子学会积极的情绪宣泄的有效方法之一。尤其是孩子出现不良情绪时，父母不能长时间让孩子沉浸在消极情绪里，而是引导孩子学会转移的方式消除不良情绪，让孩子真正懂得在遇到挫折或冲突时，不能将自己的思想陷入引起冲突或挫折的情绪之中，而应尽快地摆脱这种情境，投入到自己感兴趣的其他活动中去。

5.设置“冲突”情境，给予“补偿”教育

父母对于孩子表达的情绪体验、感受，不应妄加批评或评论，而是要通过设置“冲突情境”教会孩子表述自己的感受，经过讨论，商量出合理解决的办法。在冲突情境出现后要让孩子自己进行评论，学会寻找解决矛盾、让冲突双方都高兴的策略，让孩子通过讨论，自觉地按照合理的方式宣泄不良情绪。

6.允许孩子向“自己”宣泄情绪

孩子在遭遇冲突或挫折时，往往会将事由或心中的不满感受告诉父母，以寻求同情和安慰。孩子经常喜欢“告状”，这是以寻求支持的方式应付心理压力的策略。父母应该予以理解，这不仅体现了孩子对父母的信任，同时也是孩子消除心理郁积的常用方式。

第04章

感受与体验，减少孩子内心束缚

孩子在成长过程中会有真切的感受与体验，但在更多时候，这些感受与体验往往被父母否定，甚至扭曲。父母认为，自己所认知的感受与体验，才是孩子内心的感受，这样一来便会导致信息的不对称，造成孩子内心的负担。

别总说为了孩子好

在教育子女方面，父母们容易陷入一些误区，不管孩子在想什么，不管孩子的意愿，而一味对孩子进行批评式或输灌式教育。父母永远站在权威、强势的位置上，就不能理解孩子的想法和意愿，一厢情愿地认为自己“为了孩子好”，总是命令、强压、威胁、以暴制暴反而容易激起孩子的逆反心理，引发激烈的反抗。

事实上，要想改变这种现状，就要给孩子和父母平等对话的语境，做孩子的好朋友，好伙伴，才能使家中的沟通氛围更和谐温馨。

女儿总是抱怨：“从小到大，我听得最多的一句话就是，都是为了你好。这句话就好像一句咒语，父母总是打着爱的旗号，限制着我的自由和独立。”

只要女儿一不听话，妈妈就开始训斥：“我辛辛苦苦赚钱，做那么多辛苦的事情，还不都是为了你好？你怎么就这么不听话？妈妈一心为你好，可你呢？还反过来让妈妈生气，真是太让我伤心了。”当女儿做错事情，妈妈又开始训斥：“你以为我愿意骂你、惩罚你吗？还不都是为了你好。骂你、惩罚你是为了让你知道你做的事情都是错的，让你知道悔改，让你知道以后该怎么做。”

女儿被逼急了，就会大叫：“我不要你为了我好，我最讨厌这句话！”

父母总是说：“我都是为了你好。”这些话实际上是沉重的，它带给孩子的，更多的是一种压力和负担。这些话如此斩钉截铁，不容辩驳，孩子一点小小的反抗都被视为大逆不道，让孩子只能内疚的去顺从。父母对孩子的任何批评的话语再加上这一句“都是为了你好”之后就变得理所当然。许多孩子的天性就会因此被扼杀，最终按照父母被认为该有的路线去规划、去发展，做他们认为对的事情。

小贴士

1.征询孩子的意见

当父母制定关于孩子的某项计划或规则的时候，最好听听他的意见。无论是“每天晚上只许玩半个小时的游戏，九点以前睡觉。”还是“暑假去参加某某兴趣班或夏令营”事先都最好征求孩子的意见，对于参与制订的计划，孩子更有执行的兴趣和信心、耐心。不要安排孩子的一切，问他“这周末想要怎样安排？”如果孩子太小，不妨给出选择“是去游乐园还是去爷爷奶奶家？”

2.倾听孩子的想法

父母与孩子所处的地位不同，与孩子所关心的内容不同，想法往往也不一样，父母认为好的，不一定是孩子想要的；父母认为正确的，不一定是孩子认可的。听听孩子的想法与观点，对于孩子合理的想法和意愿，应放手让孩子去独立完成，或者设法满足孩子的合理要求。对于孩子不合理的想法，要先用心聆听，然后给出合理的建议，再让孩子自己去选择，哪怕他在尝试中会摔跤。多问问孩子“你是怎样想的？”“说说你的主意？”“你觉得这样解决怎么样？”这样才能培养孩子的开放性思维，提高孩子分析问题、开创性想法的能力。

3.与孩子多互动

在大多数的家庭教育中，父母永远处于主导地位，孩子永远处于被动地位，被迫接受父母的命令和斥责，不管这些多么没有道理。事实上，父母不一定都是正确的，应该尊重孩子作为一个独立个人的思想和意志，让家庭沟通变成一个双向的、互动的过程，父母可以影响孩子，孩子也可以影响父母。父母应多做出自我批评和自省，用语言和行为给孩子树立榜样。少说些“大人说话，小孩别插嘴”“按照我说的去做”这种话，多告诉孩子“妈妈也有错”“我们也有责任，忽视了你的感受”“你有什么想法，说出来看看”。会让孩子更重视、更尊重你。

4.允许孩子申辩

无论孩子做错了什么，请允许他进行申辩，并不要把这些申辩看成是狡辩，强词夺理，当然如果孩子任性，不讲道理，应必须坚持让孩子道歉。申辩也是一种权利，不能要求孩子俯首帖耳，这样的孩子没有前途。发现孩子不合你意，或者做错了事，应该首先思考到底谁出了问题，听听孩子的理由，而不能简单的训斥和责骂。不允许孩子申辩，不但不能使孩子心服口服，还会使他滋长一种抵触情绪，为说谎，推脱责任埋下恶根。孩子申辩本身是一次有条理地使用语言的过程，也是交流的过程，听听他的理由，也许你会觉得孩子这样做并没有什么错。当然申辩不等于强辩，如果发现孩子有推脱责任，强辩的倾向，应该坚持让他认识到自己的错误。

总之，父母学会平等地和孩子交流，不权威俯视，也不强势压迫和命令，倾听，然后尊重，实现平等，才能让孩子更服气，家庭氛围也能更融洽。

有一种感觉叫妈妈的感觉

当某天一下子降温了，就会看见大街上许多孩子被父母裹得严严实实，但孩子自己却觉得很热。对此，心理专家提醒“有一种冷叫妈妈觉得你冷”。这种现象反应出父母常常会否定孩子自身真实感觉，如果父母长时间保持这样的习惯，那必然会给孩子身心造成一定伤害。

孩子从刚出生时就是一个感觉体，慢慢唤醒他身上的每一种感觉，每一个奇观。感觉是孩子心理发展的基础，也是孩子探索世界的基础。父母的感觉只是父母的感觉，并不是孩子的感觉。父母感觉冷，不代表孩子就感觉冷，毕竟每个人对冷热的敏感度是有所差异的，父母通过什么就能证明自己的感觉是对的，而孩子的感觉是错误的呢？在父母长期否定感觉的情况下，孩子自己感觉世界的能力都被剥夺了，连确认自己感觉的能力都没有了，他们就会感觉到害怕，并慢慢退缩。

小明感到很苦恼，每次妈妈都是自以为是地说出自己的感受，但那确实不是自己的真切感受啊。

比如一到冬天，妈妈就会拿出毛衣、棉衣、毛裤，里三层外三层地要求小明穿上，小明内心是拒绝的，但妈妈便会说：“你看外面才几度啊，这气温，你还准备少穿衣服？这感冒了谁带你去医院啊，我一天工作还忙着呢，可没工夫管你。”有好几次，因为穿得太厚，体育课运动之后背心全是汗，结果反而感冒了，妈妈又会说：“你看你，我就知道你少穿了衣服才会感冒，不听妈妈的话，所以才会这样。”

小明每每在学校与小伙伴发生了不愉快的事情，便会感到很难过。这时妈妈自以为是的感觉又上线了：“有什么好难过的，你这学生时代的朋友啊就没几个真的，以后过个几十年，你们谁还记得谁呀，真是的，现在的孩子啊，心灵太脆弱。”听了妈妈的话，小明更难过了。

在心理学中，有一种自体客体经验。举个简单的例子，当孩子摔倒了，感觉到疼，不过孩子不会说话，没办法表达，妈妈便会抱着孩子说：“妈妈知道你疼了。”这时孩子是自体，妈妈是客体，体验是自体感受到的，却是客体表述的。正常情况下，当孩子内在的自体体验，被妈妈这个客体理解的时候，孩子内在是安定的、愉快的。而上面这个故事中，孩子的自体客体经验被父母给扭曲了，这是非常可怕的。自体心理学创始人胡特认为，自体客体经验都是中性的，没有好坏之分，不过在现实生活中，许多父母会分辨一些感受，长时间否定孩子的真实感觉，容易导致孩子不自信、不合群。

比如当孩子去打预防针，孩子哭了，有的父母会说：“不疼不疼。”孩子哭得更大声了，父母继续说：“你是个勇敢的孩子，不哭。”结果孩子哭得更大声了，父母会感到很不解，孩子怎么越哄越哭呢？其实，孩子后来并不是因为疼哭了，而是父母否定了自己的感受，所以感到委屈。在孩子看来，明明就很疼，为什么父母偏偏说不疼呢？假如一个孩子的成长过程中，自体客体经验总是被歪曲，则很有可能影响自己的自我价值。

在日常生活中，许多父母会习惯性地犯同样的错误——否定孩子的感觉。事实上，父母否定孩子的感觉，通常来说，除了会让孩子感觉父母不尊重自己的意见和想法，影响亲子关系之外，更严重的还会让孩子变得自卑，怀疑自己的是非判断能力。一旦父母对孩子真实感受作出否定时，孩子也会受父母的影响对自己的判断产生怀疑。假如这样的事情长时间发生的话，孩子会感到自己的感觉和判断出现了问题，慢慢地就会越来越没自信作出判断，后来他们也不敢随便发表意见和看法了。

此外，父母经常否定孩子的真实感受，除了会导致孩子变得自卑、不合群之外，还会造成亲子沟通障碍。每次当孩子告诉父母自己的一些感受，而父母第一句话就否定孩子，孩子往往会马上关闭沟通的通道，不想再和父母沟通了，这样一来，父母也就失去了亲子沟通的机会。

小贴士

1.第一时间认同孩子的感受

当孩子因为某些原因跟同学产生矛盾之后，一些父母会随意地说：“这不过是一件小事，没必要跟同学计较，你要跟同学成为好朋友。”然而，这时候孩子的感受并未得到父母的认同和尊重。正确的做法应该是，安抚孩子的情绪，给孩子一个拥抱，对孩子说：“宝贝，爸爸知道你很难过，如果我遇到这样的事情，也会一样难过。”等到孩子情绪平复下来之后，再启发孩子解决问题的办法。

2.不否定孩子的真实感觉

父母应该深知，孩子有权利拥有自己的情感，有权表达自己的情感，父母不该对孩子说“你不可以有那种感觉”。父母正确的反应应该是“我很难过你这样，因为我的感觉是……”孩子的意见或许会跟父母不同，很多时候难以判断哪些意见比较合理。不过当父母懂得尊重孩子的感受时，孩子也会更尊重父母。

3.同理心对待孩子

当孩子感受与父母感受不同时，父母应该站在孩子的角度思考问题，以同理心理解孩子，认同孩子的感受，让孩子感觉父母是懂自己的。一定要牢记，父母对孩子的感觉要认同而不是否定，把孩子的人生留给孩子自己去体验，父母也可以向孩子分享自己的感受。同时，如果孩子缺乏处理问题的经验方法和技巧，父母则可以给孩子一些问题的处理建议。

4.提前预知感受

孩子摔倒了，父母应抱着安慰："妈妈知道你疼了"；打预防针之前，父母会提前告诉孩子："待会儿打针可能有点疼，疼了你就哭出来"；在游乐场孩子想玩，但有别的小朋友在玩，父母应说："妈妈知道你现在很想玩，不过我们得等小朋友玩完再玩"。正因为父母对孩子感受的接纳和尊重，所以孩子平时很少哭又很善于表达自己的感受，很多时候表现出来的都是很懂事的样子。

我为你付出太多

前两年风靡一时的电视剧《虎妈猫爸》里，虎妈有一系列台词："你知道这家里谁是真正为你着想的吗？谁真正关心你，你知道吗？妈妈为了你，连工作都不要了，每天想着你吃什么、学什么，你就和我讲这样的话，你有没有良心啊？"在父母看来，为了孩子连工作都不要了，每天都在为孩子操心，但孩子却还不感恩。

然而，对孩子来说真的是这样吗？对孩子而言，根本不需要父母天天盯着自己，这样只会让自己感到无尽的压力，甚至激发孩子的内疚——明明不是孩子的错误，却让孩子以为是他引起的，要孩子负责。

有位孩子表露这样的心声：小时候父母就对我灌输"我为你付出太多"的观点，弄得我很小的时候就有很强的罪恶感，觉得自己是父母的负担，觉得自己的生命没有意义，觉得我只有为父母而活着，甚至很长一段时间，我想，如果不是为了父母，我死了也不可惜。

这几乎是中国式父母的悲哀，付出自己的全部，却养不出感恩的

孩子。

小月是独生女，从小备受父母呵护，像一个小公主一样。但在小月3岁时，这样的生活就发生了变化。由于家庭生活压力，父母开始三天一大吵、两天一小吵，小月夹杂在父母的怒吼、打骂声中，委屈地生长着。

尽管妈妈还是像以前一样对自己呵护备至，但与此同时却给予小月很大的压力，因为妈妈总是说："小月，为了你，我只能将就跟你爸爸一起生活下去，你可千万不要辜负我的付出。""不管工作多么辛苦，我都想到为了你，坚持下去""只要你好好读书，我再苦再累都是愿意的"。一旦小月学习下降了，妈妈就会说："你看我为你付出那么多，你却不认真学习，你对得起我吗？""为了你妈妈一直省吃俭用，而且还要遭受你爸爸的冷漠对待，你可千万要争气啊"。

从小到大，小月都是听着这样的声音，刚开始她会感觉非常内疚，给自己很大的压力。但是，天长日久地听妈妈的诉苦，小月已经感到麻木了。后来，当她再听到妈妈这样的话时，她便很不耐烦地说："不要总说是为了我了，你要选择离婚就离婚吧，我无所谓的。"这时妈妈便又会说："这孩子，亏我为她付出那么多，一点儿也不知道感恩。"

父母并不需要激发孩子的内疚感，以此来证明自己的付出和价值。大部分父母的价值观是偏执的，不管孩子是否要求自己牺牲，自己就已经做出了很大的牺牲，所以孩子就是亏欠自己的。

但真实情况是，当你选择生下这个孩子，也并没有征求孩子的意见，本来就是你自己的决定，所以孩子真的不亏欠父母任何东西。作为父母，需要将孩子抚养大，这本来就是父母的义务。这一承诺，在你决定生孩子时就已经作出了，所以你要为后来的所谓牺牲负责。应该负责的是父母，而不是孩子。

总是对孩子诉苦，末了加一句：我为你付出那么多。这样的举动无非是彰显自己在抚养子女过程中的艰辛，然而这些需要跟孩子诉说吗。父母的诉苦，只会激发孩子的内疚，甚至给孩子成长过程中带来莫大的压力，最终让孩子心理逐渐走向不健康。有的孩子在这种心理煎熬中，慢慢变得麻木，变得不再感恩，变得冷漠。

教育孩子的根本目的是什么呢？是让孩子怀着一颗感恩的心生活，怀着感激的心情去学习，感恩是他学习的动力，也让他的心里充满了爱和温暖，使他成为人见人爱的孩子。孩子需要一颗感恩的心，父母不要让孩子认为什么都是别人应该做的，而是教育孩子学会理解他人，以一种感恩的心态来面对父母，对待他人。这时候，父母就犹如孩子的一面镜子，你的一言一行都会影响到孩子。

如果一个孩子连最起码的感恩都不懂得，你会指望他去爱谁呢？现在的孩子大多数是独生子女，从小就在宠爱中长大，他一个人得到了全家人的所有关爱。这时候，如果父母不教导孩子学会感恩，时间长了，在孩子心里就会形成这样一种观点：自己接受多少都是应该的。这样的孩子长大以后，就会表现出缺乏爱心，成为人们避之而唯恐不及的人。正确的“感恩教育”的缺失是多方面的，作为家庭教育的施行者也有一定的责任，现在的父母过多地注重孩子的学习，而不注重孩子的心理品质，孩子就会因为纵容而变得越来越任性。

小贴士

1.对孩子不要事事包办代替

随着孩子年龄的增长，他学会了做很多事情，也可以独立去完成一些事情，这本来是一种很好的习惯。一旦父母对孩子保护太多，干预孩子太多，为孩子打理了一切事务，那么孩子就会渐渐习惯父母的包办代替，甚至觉得父母这样做是理所当然的。时间长了，孩子就很难再感谢父母为自己所做的一切了。所以，对孩子的一切事情，父母不要大包大揽，不要为其打理一切事务，让孩子试着独立去做一些事情，一方面锻炼他的独立生活能力，另一方面，教导孩子学会感恩。

2.不要有求必应，更不要无求先应

面对孩子提出的要求，父母应该首先考虑是否合理，如果是不合理的就要坚决地拒绝，并告诉孩子哪里不合理，不要对孩子有求必应，而是应该让孩子自己去争取所需要的东西。当孩子通过自己的努力去获得所需的时候，他就懂得了珍惜，也明白了自己的生活是幸福的。有的父母给孩子提供很丰富的物质条件，久而久之，孩子会觉得这一切来得太容易了，甚至认为他本来就应该拥有的，于是不懂得珍惜。

3.为孩子做好榜样

身教的力量远远大于言教，父母在面对自己的父母，要表现出尊敬和孝顺，感谢父辈的养育之恩。家里有好吃的要先给老人吃，逢年过节要给老人送礼物，如果老人离得比较远，也要经常打电话。这时候，不仅仅让孩子看到父母对自己有爱，对长辈一样有爱，也经常告诉孩子，要关心和孝顺长辈，孩子虽然还小，但长期的耳濡目染，也会在他那幼小的心灵里洒下感恩的种子。

4.不要太多地谈论自己的苦恼

许多父母常常会在孩子面前说："爸爸妈妈这么辛苦都是为了你啊！"这从表面上看是希望通过诉苦这样的方式来强化父母付出很多，其实却恰恰相反，这容易给孩子造成心理负担，它暗示了"我付出这么多给你，你要偿还"，这样教育下的孩子只会用"形式对形式"来感恩。所以，父母在向孩子灌输“感恩教育”的时候，要适当地谈论自己的苦恼，而不是过多地谈论，这样就会使“感恩”变了味道。

这样的爱添了附加条件

生活中，人们总是说爱是无私的。但事实上许多父母对孩子的爱其实是有条件的，有了太多的前提，比如孩子要乖乖听话妈妈才会爱你，孩子成绩要很优秀妈妈才会感到骄傲，孩子要完成妈妈布置的任务才能去公园玩，才能得到自己喜欢的玩具。虽然，总的来说，父母是爱孩子的，但仔细分析就会发现这样的爱添加了许多附加条件。

从前有一个小公主，因为她平时跟皇兄没怎么说过话，所以她就拼命练习猜谜语，因为只有猜对了谜语，父母和哥哥才会跟自己一起，爱自己。

于是，小公主慢慢修炼成为了猜谜语的高手，世界上没有几个人可以猜出她的谜语，对于那些猜不出谜语的人，她就会给对方画大花脸，给对方羞辱和惩罚。后来，她碰到了聪明的一休师傅，一休出了一道题：“什么东西有时候很硬，有时候很软，虽然很小，但是可以装的下整个世界。”小公主猜不出，却渴望得到答案，一休说：“对于自己没有感悟的人，告诉你答案也没有用。”

为了得到答案，小公主跟随一休师傅一起回庙里，朝夕相处，从中感受到人与人之间的爱和温情。她悟出了答案——心。她也知道了，只要自己心中有爱，心中有别人，知道了父母对孩子的爱是一样的，这时候她想回到父母身边了。

跟故事中的小公主一样，如果父母的爱是有条件的，那她就会拼命证明自己，因为只有成为父母心目中的样子，才会赢得父母的爱。当然，天下的父母都是爱孩子的，只不过爱的方式有所不同。那些附加了太多条件的爱，是父母希望通过奖励或惩罚的方法控制孩子的行为表现，以达到自己心中对孩子期望的要求目标。

之所以出现这样的情况，主要基于这样一些原因：

首先，父母自身可能就是在这样奖惩刺激的环境下长大的，他们所受到的传统教育是：父母生养了你，你就应该听父母的；不管你是否愿意，父母做什么都是为了你好。在他们成为父母后，对孩子更多的是想要去控制，从而树立自己的权威，获得存在感。

其次，大部分父母与孩子之间的亲子关系都是建立在交换的基础上，似乎父母不知道还能有什么更好的方式去和孩子沟通。

最后，对大多数父母而言，在养育孩子上总会更多关注其行为结果，用奖惩的方法去控制孩子的行为，在短时间内可以立竿见影，这样做父母感觉简单、直接，会看到孩子顺从地服从自己。

小贴士

1.孩子不是顺从的乖娃娃

养育孩子，并不是要把孩子训练成听话的乖娃娃。每一个孩子的行为都是由其内在感觉、想法、需求决定的。附带条件的爱具体表现在，孩子表现优秀，就给予表扬；孩子表现比较差，就施加以惩罚。这样的教育方式，会把孩子培养成顺从、听话的性格，他们在成长过程中慢慢会变得不接纳自己、缺乏自信、缺少内在独立思考能力。

2.多看孩子的身心

父母应该多看孩子的全面身心，而不仅仅看到孩子的行为。毕竟每个孩子的个性有差异，对于每件事的内心感受和需求也不同，那父母的养育方式也是有所区别的。全面看待孩子的身心，把目光放长远，真正地接纳孩子，与孩子一起解决问题，而不是通过物质手段来控制孩子的行为，忽略孩子的内心需求。

3.无条件地爱孩子

父母应该全身心的投入到孩子的养育成长中，用心觉察、体会孩子的内心世界，无条件的爱他，与孩子一同成为一个内心强大的人，到了任何时候，遇到任何问题，都可以相信自己，从容解决。

4.少提要求

父母有条件的爱，只会让孩子感觉这是在交换。因为他们只有在完全符合父母的要求后，才能得到父母的爱，父母才会表现出爱。那么，这时候父母爱的不是孩子，而是自己的要求。

5.给孩子更多的安全感

其实，每个孩子内心都是十分依恋父母的爱的，他们对失去爱感到恐惧，甚至为了得到父母的爱，孩子们会努力地迎合父母的要求，便于换取父母的爱。如果孩子在这样的教养方式中成长，通常会缺乏安全感，他们在以后的情感中会显得更加冷漠。

6.注重孩子的感受

父母的爱本质是无条件的，大部分父母都会说我们当然是无条件爱孩子的。不过真正重要的是孩子们感受到的是什么样子，他们是否不管做对、做错或做得不够好都感受到了父母不变的关爱。所以，父母在爱孩子时，应该更多注重孩子的切实感受。

破坏性批评的方式

弗洛伊德心理认为，一个人的性情在幼年时期已经定型，而且会左右其一生。孩子幼年时的想象力、创造力都是惊人的，但随着年龄的增长，数据显示孩子的想象力、创造力正在消失，这是什么原因呢？

最大的伤害来自父母“破坏性批评”，这对于孩子稚嫩的心灵而言，简直是严重的伤害。父母破坏性的批评会让孩子感受到伤害，这将直接导致他们不敢面对失败、不敢挑战、害怕被拒绝、性格胆小、怯弱、缺乏自信，遇到挫折就忧虑、找借口逃避等消极行为，这些都将严重阻碍孩子身心的健康成长。或许，父母批评的出发点并没有什么错，但破坏性批评带来的后果却是严重的，给孩子造成的伤害也是无法弥补的。

妈妈在18岁时就生下了小伟，当时年少不懂事，高中刚毕业就跟社会上一位青年恋爱并有了孩子。生下小伟后，妈妈只能无奈地结婚，早早地过上了相夫教子的生活。但是，小伟的爸爸是个不安分的男人，不仅每个月挣钱少，而且经常在外面拈花惹草，这让原本就有些后悔早结婚的妈妈更烦躁。她渐渐地把这些不痛快的情绪都发泄在年幼的孩子身上，她认为是孩子拖累了自己，如果不是因为有了孩子，自己早就摆脱了那个男人、那个家庭。

所以，每每小伟做了什么错事，妈妈就会破口大骂：你怎么这样蠢？我早就知道你是个笨蛋、傻瓜，一点儿用都没有！你只有吃饭厉害，饭桶！……你的脸皮真厚，你怎么还有脸活在世上？……我造了什么孽，生了你这个不争气的东西，早知这样，还不如养条狗……

从小被妈妈咒骂的小伟，生性胆小、懦弱，在学校常常被同学欺负，小小年纪就有了“不想活”的念头。

破坏性的首要表现就是批评时对人不对事，直接就进行人身攻击。比如父母骂：“你这个样子，长大后会有什么出息”“好意思出门吗？一点儿用处都没有”……类似的批评声音大家都不会陌生。虽然，父母一面批评一面说：我也是一片好心啊，我这是教育孩子，为了让孩子更有出息。然而，事实上，你的批评不仅一点儿用处没有，反而刺激了孩子的心理。

破坏性批评本来就是父母消极心态的表现，把自己各种不如意的消极情绪，发泄在孩子身上，那么孩子所受到的破坏性批评是双重消极影响：一方面孩子直接承受了破坏性批评的伤害，另一方面父母在孩子面前做了一个破坏性批评的反面示范。

破坏性批评还表现在，增加孩子的内疚感。父母总是说：“孩子啊，你要争气啊，要有出息啊，不能总这样笨蛋啊。”这样侧面传递给孩子的信息是，因为自己不好、不争气，所以需要偿还给父母，因此会怀有深深的愧疚感。

破坏性批评更多表现在父母有条件的爱，这会给孩子造成伤害，比如“只有你做到了，妈妈才爱你”。在这个过程中，孩子知道父母给的爱并不是无私的，而是附带着条件的。

父母给孩子的破坏性批评直接摧毁孩子的自尊，增加心理负担，扭曲心态，让孩子在这个过程中慢慢缺失自信心，他们开始自怨自艾、自暴自弃、不敢做任何事情，慢慢自我设限、失去勇气、胆小怯弱。可以看出，父母破坏性批评的教育方式会直接伤害孩子，而过多的破坏性批评，会给孩子造成巨大的身心伤害。

一直以来，人们总是倡导以批评为主的教育方式，比如“不教不成人，棍棒出好人”，父母对孩子的批评总是多于表扬，这其实就是消极心态占据了上风。对孩子所有的表现中，父母总是在寻找或注意应该批评的

那一面，形成了教育的误区。

父母的破坏性批评，主要呈现为以下几种方式：

1.情绪失控的批评

生活中，许多父母一看到孩子做错事情就非常生气、情绪失控，对孩子大声喊叫，说话语调高，语言速度快，对孩子一通批评。但声音大有用吗，话难听有用吗，孩子或许并未真正听进心里去，甚至他在想："每次都是这样，听听他的话，多恶劣……"面对父母的大声怒吼，尽管孩子明白父母的情绪占据上风，自己此刻说什么都没有用，他们只会在父母一声高过一声的质问中敷衍着，希望早点结束这一场情绪沙尘暴。

2.威胁的批评

父母对孩子任性的举动到忍无可忍的时候，便会威胁："你再这样，我就……"当父母用威胁、吓唬孩子的方式去批评孩子时大多数是想得到立竿见影的效果，似乎觉得这样做可以很容易控制孩子，让其听从自己。在父母看来，威胁批评可以让孩子长记性，让孩子从内心里感到害怕，从而对这件事加深印象。但事实上，威胁的批评只会伤害孩子的自尊心，增强对父母的抗拒心理，长时间下去将严重影响亲子关系。

3.念经式批评

父母经常犯的错误，就是对孩子进行念经式批评。从孩子做错的一件事，然后牵扯出一连串的事情，开始长达1–2小时的批评。其实，在这个时候，当父母反复提及孩子所犯的一些错误，孩子感到的厌烦会增多，反而对自己目前所做的错事没有多余思考的时间，而且他更希望这场批评赶紧结束。这时候，简洁的批评更容易被孩子接受，当然也更有效果。

4.比较式批评

在父母的批评声中，孩子们总多了个伙伴——别人家的孩子。比如父母总会说：“你看小明学习多努力，多自觉，再看看你，如果没人管你，你简直要翻天”“你看妮妮多勤快，帮家里干了多少事情，你呢，成绩不好不说，还特别懒惰”。在大多数父母眼里，总是比较容易看到别人家的孩子更努力、优秀、自信，这样对孩子带来的却是打击，而且使其对父母越来越失去信任。

小贴士

父母批评孩子，还需要掌握正确的方式，毕竟父母是孩子的启蒙老师，父母的言行对孩子有着很大的影响。

1.注意批评的场合

在父母眼里，孩子好像永远没长大一样。实际上孩子在进入幼儿园时就已经有自尊心了，父母看似很小的批评，但不注意语气和说话的分寸都会伤害孩子的自尊。尤其是公众场合，父母若是选择人多的场合批评孩子，会让孩子感觉很没面子，自尊心大大受挫。

2.注意批评的态度

当孩子做错了事情，父母批评的态度很重要，批评孩子哪些地方做的不对，哪些地方需要改正，尽量保持温和的态度。比如：“宝贝，你知道吗，你这样做是不对的，妈妈希望你能改正，相信你能把这件事做好的。”这样的批评态度能让孩子比较容易接受，明白自己错在哪里，所以父母批评的态度很重要。

3.不涉及人格的批评

父母在批评孩子时，只可以批评孩子犯错的行为，而不涉及到孩子的人格。比如孩子在约定时间迟到了，父母的批评最好是围绕孩子遵守时间的行为，就事论事，不要扯远了，尤其是不要批评孩子的人格，比如“你看你又迟到了，像你这样不负责任的人，以后怎么办？”若换一种“因为什么迟到了呢？下次可记得调好闹钟，早点起来。”后者更容易让孩子接受。

4.不要盲目批评

父母批评孩子要有根据，不能没搞清状况就胡乱批评。有时候父母可能只看到了部分事实，前因并没有了解清楚就开始批评孩子，这是不妥当的，这很容易引起孩子的逆反心理。父母一定要了解事情的整个过程，再来定论，千万不能不明白情况就责怪孩子的错，这样错怪了孩子，会给他造成心理负担的。

5.向孩子诉说感受

父母批评孩子也需要讲究技巧，因为直接的批评会增加孩子的逆反情绪。父母可以一边批评，一边向孩子表达自己的感受，让孩子知道你的情绪状态，比如“妈妈并不是在批评你，只是你这么做，妈妈很担心你上当受骗，所以才生气”。当孩子听到这样的话，他也会容易接受批评的。

6.说出自己的期望

当父母坦诚了自己的情绪状态，孩子知道父母的关心，也意识到自己的错误，内心已经感到愧疚了，那此刻就适合向孩子说出自己的期望。比如“妈妈希望以后你在做每个决定时跟我说一声，我至少可以给你一些建议，然后你再决定做不做”，在这样的状态下，孩子是很容易接受父母批评的。

7.让孩子改正错误

批评之后，还需要孩子学会改正错误，这才能达到批评的目的。当孩子承认错误之后，父母要正面引导孩子，告诉孩子改正错误后有哪些好处，对他有哪些帮助，比如“当你可以独立自主地做决定以后，那妈妈就很放心你未来的人生”，这样让孩子更深刻地感受到父母批评是为自己好，让孩子不再抗拒，愿意去接受错误，改正错误，然后在批评中成长。

第 05 章

沟通与情绪，你如何影响孩子

父母是孩子认知世界的一面镜子。父母跟孩子沟通所表现出来的情绪，往往给孩子带来重大的影响。父母情绪稳定，平和喜悦，孩子自然会快乐、自信、勇敢；反之，若父母总是管不住自己的脾气，充斥着负面情绪，那孩子就难以获得家庭幸福感。

你再这样，我就不要你了

生活中，每每看到孩子不听话的时候，父母就忍不住恐吓孩子，习惯性地说：你再这样，我就不要你了；你再这样，我就把你送人；你再这样，就给我滚出去……但是，这样的恐吓有效果吗？孩子只能在一次又一次的恐吓中丧失自信，变得胆小，从而失去对父母的信任感。

纵观许多父母的教育方法，就会发现恐吓孩子是一种十分普遍的现象。父母们为了不让孩子去拿某些东西，或者是想让孩子按照自己的想法去做一件事，常常会采用一些夸张的方法来吓唬孩子，动不动就说“你再这样，我就不要你了”。

晓东平时有些调皮，父母觉得难以管教，就经常以恐吓的方式教育：“你再不听话，我就不要你了”“你再捣乱，我就把你扔出去”“你再这样，爸爸妈妈就走了，把你丢在这里”。

有一次，晓东坐在车上半个身子都伸出窗了，妈妈训斥也不管用，就动手打了他，结果晓东哇哇大哭，这时妈妈又开始恐吓：“别哭，再哭，把你扔下车。”晓东依然哭个不停，爸爸把车停下来，真的把晓东扔下车，又开车走了一小段，直到晓东不再哭了，再掉头回来把他抱到车上。这时受到惊吓的晓东紧张不已，尽管全身还在抽搐，但已经不再发出声音，担心爸妈又把自己丢下。

父母的恐吓对晓东的身心将带来很大的伤害，长时间这样只会让他的内心越来越脆弱。大多数父母的恐吓教育方式依然根深蒂固：父母若不想给孩子买某种零食，就说“这是药，吃了肚子会疼”；如果父母想让吵闹的孩子安静下来，就会说“再闹就让警察把你抓走”；如果父母不想让孩子去触摸某样东西，就会说“不要摸，别人会骂的”。

父母的恐吓对孩子有威慑作用，这只能起到短暂的作用，但在孩子心中留下的阴影却是永久的，那些受到恐吓的孩子内心会留下深刻的印象，甚至是在长大之后也难以磨灭。大量数据显示，大部分人的心理疾病都是由于幼年时期所遭受的一些恐吓，或者特殊的童年经历造成的。父母在对孩子恐吓的时候，根本没考虑过对孩子造成的伤害。

通常，父母会用这四种方式来恐吓孩子：

1.用警察恐吓孩子

父母们常用的手段之一，就是用威严的警察叔叔来恐吓孩子，这种方式比较现实，毕竟警察叔叔是可以看见的，但造成的负面影响是不容忽略的。假如孩子在幼年时期经常被父母用警察来恐吓，那一定会在孩子心中留下惧怕警察的心理，当孩子后来遇到困难时，可能会不敢向警察求助。

2.用鬼怪恐吓孩子

估计许多父母都用鬼怪吓唬过孩子，在孩子不听话的时候，父母就会搬出各类鬼怪出来，说“你要是再不听话，一会儿鬼怪就来把你抓走”。对年幼的孩子来说，鬼怪的威慑力是很大的，他们无从辨别真伪，一般都会相信。不过，一旦恐吓起了作用，孩子就会经常去想象鬼怪是什么样子，以至于越想越害怕，变得胆小，最终导致一种奇怪的心理疾病。

3.扭曲常理来恐吓孩子

有时候父母可能是出于想要捉弄一下孩子，通过扭曲常理来恐吓孩子，不过这会颠覆孩子对待这些事物的正确认知，轻则逗趣，重则引起一些不必要的误会。所以父母不要随便去扭曲常理，以免造成孩子错误的认知。

4.说孩子是捡来的

这是许多父母喜欢用的方式，通常在孩子调皮的时候，父母会说孩子不是自己亲生的，或者“我不要你了”。尽管这样的话听起来可笑，但对孩子的影响却是巨大的，在孩子眼里父母就是全部的安全感，如果父母总说这样的话，很容易对孩子造成心理阴影。

小贴士

父母的恐吓行为给孩子带来的负面影响是巨大的：

1.孩子缺乏自信

父母的恐吓会让孩子认为自己一无是处，让孩子变得自暴自弃并产生自卑感。本来孩子可以做好的事情，却故意不去做甚至故意破坏，这样孩子长大之后胆小怕事，缺乏自信，自卑感越来越强烈。

2.让孩子感到恐惧

对于幼年时期的孩子，神经尚未发育完善，打骂恐吓已经超出了孩子的承受能力，这样会使孩子精神非常紧张、恐惧，甚至会引发精神方面的疾病。

3.孩子感到自己被抛弃

父母经常恐吓孩子，对孩子说“再不听话，我就不要你了”等这样的话。尽管父母的初衷只是为了吓唬孩子，不过孩子会信以为真，从而长时

间处于一种紧张恐惧的心理，感觉随时被父母抛弃，这样很容易造成孩子性格上的抑郁。

4.让孩子产生逆反心理

有的孩子性格很倔强，父母越是恐吓，他越是来与父母反抗，叛逆心理特别强烈。有些父母认为孩子不听话，就通过恐吓来让孩子改正，殊不知对于那些倔强的孩子来说，越恐吓逆反心理越严重。

5.让孩子产生心理阴影

经常恐吓孩子，小一点的孩子一般不会心里产生仇恨，大一些的孩子都十几岁了如果还经常被恐吓，孩子随着年龄的增长就会在心里对父母渐渐的疏远，甚至会发展为仇恨。

6.不要恐吓孩子

父母经常说“恐吓”的话，会带给孩子童年的阴影，让孩子缺乏安全感，这个问题会伴随孩子一生，在孩子的人生路和家庭生活中也难以回避。相反，如果孩子经常得到父母爱抚和温言细语，会幸福感满满，为人温和宽容，充满满足感，人生也会顺利很多。

你听话，我就给你买玩具

当孩子尚没有形成自发内在学习动机时，父母从外界给以激励刺激，以推动孩子的学习活动，这种奖励是必要和有效的。但是，如果学习活动本身已经使孩子感到很有兴趣，此时再给孩子奖励不仅显得多此一举，还有可能适得其反。一味奖励会使孩子把奖励看成学习的目的，导致学习目标的转移，而只专注于当前的名次和奖赏物。所以，作为父母，要特别注意正确使用奖励的方法而不滥用奖励，要避免“德西效应”。

精神病学临床教授，医学博士，大卫·G·法斯勒是这样区分“奖励”和“贿赂的”：为鼓励孩子采取正确行为通常不需要很大的物质奖项。如果为了让孩子做事，父母不得不承诺孩子非常豪华的奖品，那么这可能就意味着父母和孩子之间存在着权利之争，父母试图通过“贿赂”孩子来逼迫他们做一些不喜欢做的事。

5岁的孩子从来不整理自己的玩具，当妈妈要求孩子整理玩具时，孩子不是哭就是推脱。妈妈为此感到十分头痛，于是她对孩子承诺：假如你每天收拾好自己的玩具，那么在你过生日时，妈妈就带你去游乐园玩。

有一次，爸爸带着孩子去理发，坐在理发椅上的孩子不停地摆动着自己的头。理发师不停地请孩子别动，但孩子就是不肯停下来。无可奈何的爸爸为了让孩子坐好，就答应孩子：“假如你好好坐着理完发，我一会就给买一辆玩具小车。于是，孩子才安安静静地坐下来了。

贿赂孩子是父母以金钱、物质等外部因素为手段和孩子做交易，迫使他们做父母希望他们做的事情，以达到父母的愿望。在案例中，妈妈为了让孩子整理玩具，而给孩子一些物质奖励，爸爸为了孩子安静地坐下来而临场给孩子奖品刺激。在这里，父母给予的奖励都不是真正的奖励。奖励孩子，指的是以奖赏激励孩子，从而进一步调动他们的自觉性，也就是内在动力来赢得更大的成绩和目标。父母对正确的奖励可以帮孩子把父母的要求变成自己的内在动机和需求，因此，奖励和贿赂是两个完全不同的概念。

心理学家分析，父母对孩子的贿赂行为，在短时间内可能会激发孩子高度积极性的作用，达到一些临时的结果。不过这样的贿赂难以长久有效果，从长远来看，反而会麻烦不断。因为这并没有从根本上改变孩子，所以不可能对孩子产生长远的影响。假如孩子常常受到来自父母的贿赂，他们就会越来越依赖贿赂，养成凡事都需要父母贿赂的习惯。很多孩子一旦知道父母提供奖励来刺激他们做事的时候，他们经常会得寸进尺，变本加厉。一旦父母的奖励不符合孩子的要求时，他们就会失去做事的兴趣。假如孩子因为停止做不好的事情而赢得了父母的奖励，那他们也有可能因为得到奖励而继续去做那些不好的事情，以赢得父母的奖励。

小贴士

1.拒绝小恩小惠

为了鼓励孩子好好学习，许多父母倾向于采用物质奖励的方式，且对这种方式颇有认同，有些父母甚至说“给予孩子一定的物质刺激，远远比说教一百句管用得多”。在孩子年龄尚小的阶段，父母为了让孩子好好学习，给予孩子的是一些小恩小惠，比如买些玩具、小零食，对于那种年龄较大的孩子则给予昂贵的电子产品。假如父母真的希望达到奖励孩子的目标，请拒绝对孩子给予小恩小惠。

2.以兴趣为原动力

假如父母让孩子养成为获得奖赏才去努力学习的习惯，孩子就体会不到顺利完成一件事情之后的激动和兴奋，单纯的求知快乐会降低。而对于任何事情而言，兴趣才是更大更持久的动力，一旦失去了兴趣，做事的动机就会大大下降。

假如这件事本身令孩子感兴趣，父母再给予孩子奖励，有可能会弄巧成拙，不仅不能提高孩子的学习主动性，反而会降低孩子原有的学习热情。比如孩子自己喜欢画画，他们并不需要父母的表扬和物质奖励，只需要认同就行了。假如孩子画得不错，父母只需要关注一下就可以了。

3.对孩子进行精神奖励

奖励可分为物质奖励和精神奖励，所以父母对孩子可以进行适当的精神奖励，比如来自父母的口头表扬、鼓掌、亲吻、拍拍肩膀，给孩子一个拥抱等。也可以是一些生活奖励，比如让孩子与父母一起做游戏，观看自己喜欢的电影，外出去公园、图书馆，或是跟喜欢的朋友一起逛街。假如实在需要给予孩子物质奖励，那也是需要适当的，比如买孩子喜欢的食物，这里需要避免给孩子买快餐之类的垃圾食品当奖励，还可以为孩子购买时尚的服饰、心仪的玩具、手工制作用品等等，这些奖励都是适当的。

你怎么这样没出息

一位孩子在知乎上提问：我从来没有感受过爱，总是被父母恶言讽刺，总是被他们废物废物地称呼，感觉自己快要活不下去了，我该怎么办？

“你就是一个废物！”可能许多父母都这样讽刺过孩子，或许大人只是随口说话，或者是开玩笑，不过这在孩子看来，这就是讽刺和挖苦。有些父母性格比较急躁，往往看到孩子没有完成某件事情的时候，就开始说“你怎么这样蠢”“你怎么这样没出息”之类的语言，父母或许是因为恨铁不成钢，或者是无心地唠叨，不过这对孩子来说却是异常的刺耳。

嘲笑讽刺本身就是刺伤他人自尊心的利剑，即便成年人听了也难以接受，更别说一个天真的孩子了。孩子自尊心更脆弱，也更容易受伤，如果父母以成年人的视角看待孩子的幼稚，哪怕是开个玩笑“你唱歌真的很难听”，孩子听了也会当真，很难过，更别说要以嘲笑讽刺的话去打击他。

讽刺的语言摧毁了孩子的自信，重创了孩子幼小的心灵，时间长了，孩子的自信心越来越差，最终形成懦弱、胆怯的性格。

小俊觉得自己是一个笨小孩，因为爸爸也是这样认为的。

小俊上小学，有时会想着考试就害怕起来，但是他确实已经尽力，每天认真听课，也很少出去玩，节假日除了参加学校的补习班之外，就在家里看书写作业。不过小俊的努力从来没有获得爸爸的赞赏，反之，所听到的常常是不满的训斥："你怎么这样没出息""你怎么一点儿没遗传到我的聪明才智呢，我以前读书都没你这样差""我对你真的彻底失望了"。

有一次，小俊语文考试成绩下来了，当他把成绩单拿给爸爸签字时，爸爸指着出错的地方，说："你看你又犯傻了吧，不仔细读题，你这猪脑袋啊！"小俊听了非常沮丧，一连好几天都不想和爸爸说话。尽管小俊体育成绩比较好，不过爸爸却说："你要是语文、数学成绩优秀就好了，可惜是体育，这简直是四肢发达、头脑简单。"小俊听了十分伤心。

父母那些讽刺挖苦的话，对一个心智不成熟的孩子来说，将是伴随一生的阴影。而且，这样的话会让孩子产生负面的自我暗示：反正我没出息，就是什么也做不好，那我何必要好好做呢，不如破罐子破摔。其实，孩子由于经验不足做错事是很正常的，父母需要做的就是帮助孩子找出原因，鼓励孩子做得更好。

心理学家认为，父母否定性的评价比肯定性的评价留给孩子更深的印象。因为否定性评价常常发生于沮丧或急切的情况下，有很强劲的冲撞力，所以孩子记得更深刻。通常情况下，孩子的个性还没有完全形成、自尊心还没有强到可以不在乎别人的评价时，父母的讽刺往往会产生重要影响，这在孩子潜意识留下很深的恶劣影响。各种嘲笑讽刺会在孩子内心深处扎根，这样的次数越来越多，渐渐成为孩子自我评价的标准，使自己真的成为被父母所说的那种孩子。

有时候父母无心的嘲笑，就好似催眠，这样的催眠每天都在发生，且深入孩子的无意识层面，孩子的人格会按照父母所说的那样发展，于是孩子性格中的软弱、自卑、胆怯会伴随而来，甚至一生无法摆脱。

还有的父母对孩子太挑剔，总是对孩子处处不满，孩子稍有不慎就唠叨不停，根本看不到孩子身上的优点。这样导致他们在训斥孩子时有较强的侮辱性，这种行为大大地伤害了孩子的自尊心、自信心，也导致亲子关系变得冷漠、互相仇视。

小贴士

1.尊重孩子的一切

即便是父母也不喜欢别人强迫自己，更不希望自己的人生不自由。那么，对孩子来说何尝不是如此呢。孩子学什么专业、想考什么学校，那都应该是孩子自己的选择，父母只能引导，不能强迫，更不能一厢情愿地将自己的梦想强加给孩子，这样只会给孩子带来莫大的压力。

2.珍惜孩子的爱

爱是孩子向父母表达的一种情感，父母要十分珍惜，并及时给予回应：“宝贝，我也爱你。”或者给孩子一个拥抱，让孩子真切地感受到父母的感动。别总是冷漠地对待孩子，这样时间长了，孩子会自动疏远父母。

3.宽容孩子的失败

父母总希望自己的孩子更优秀一些，不过要考虑到孩子的实际情况。父母太高的期望值，孩子是不容易达到的，这样父母会产生悲观失望的情绪，对孩子口出嘲笑之语。每个孩子的成长都是一个循序渐进的过程，父母需要根据孩子的实际情况调整自己的期望值。即便孩子考得不好，也不要训斥孩子，而是要倾听孩子的诉说，与孩子一起总结反思，找出失败的原因，以便于下次更好地进步。

4.每天表扬孩子一次

有一句话是这样说的：如果你可以发现孩子身上的十个优点，那你就是优秀的父母；如果你可以发现孩子身上有五个优点，那你就是合格的父母；如果你在孩子身上连一个优点都发现不了，那你就应该下岗了。每天在孩子身上发现一个优点，然后表扬他，这样会让孩子快速找回自信。

5.训斥孩子之前先冷静

父母训斥孩子时说出一些侮辱性的话语，通常也是一时冲动，之后经常会觉得后悔。那么性格冲动的父母不妨给自己立一个规定，情绪激动要训斥孩子时不妨冷静一下，理智面对事情，避免说出伤害孩子的话后再后悔不已。

6.多建议，少嘲讽

如果是孩子不小心犯下的错误，父母需要多建议，少嘲讽，和孩子一起分析原因，告诉孩子下次需要多加注意，让孩子找到错误的原因。而且，当孩子开始意识到自己的错误之时，父母不能够再继续嘲讽孩子，否则这无疑是雪上加霜，会让孩子更加难过。父母应该记住，给孩子建议并且引导他们找出错误的原因，这样才能让孩子改正错误以赢得进步。

你怎么就不能像人家那样呢

一位8岁孩子的父母说，他儿子学唱歌得到老师表扬，但他提醒孩子不要得意，理由是还有更优秀的孩子。听到了父母这样的评价，孩子觉得很委屈。教育专家指出，许多父母看不到孩子的进步，总喜欢拿自己的孩子的某个方面与更优秀的孩子比，结果是越比越不满意，这样下去孩子的压力也与日剧增。其实，孩子最好是不要比的，若是比较那就纵向比，而不能横向比。

一段时间，张妈妈觉得孩子成绩有所下降，着急的她为了激发孩子的好胜心，忍不住数落孩子："你怎么不争气呢，你看你同学丁丁多认真，听说这次考试他又是第一名呢，你啊要多向他学习，知道吗？"

"我觉得自己已经够努力了，怎么会把我跟丁丁一起比呢，他每次都是第一名，依我说，他还是在原地踏步呢。"孩子不以为然地丢了一句给妈妈，张妈妈没有想到孩子这样说话，她也有点激动了："妈妈这样跟你说，是因为许多小朋友都在努力，你当然要努力点，否则就落后了，到时候成绩下降了怎么办。""哎呀，哎呀，知道了，你别说了，我知道了。"孩子不耐烦地咕哝了几句，就进屋里了。

这里的纵向比就是比较孩子自身的进步，只要孩子比昨天多了些进步，那就是一种收获；横向比，则是比较与孩子同龄的孩子，许多父母都用自己孩子某个方面与更优秀的孩子比。这两种比较方法可想而知，前者会让你看到孩子的进步，后者会模糊孩子的明显进步，更提升了父母的期望值。孩子在纵向比中增强了自信心，却在横向比中因丧失了信心而变得自卑，所以，父母要关注到孩子的每一个细小的进步，纵向比而不是横向比。

小贴士

1.看到自己孩子的优点

许多父母对于孩子的缺点数落不完，一旦被问到孩子的优点，却显得支支吾吾，半天说不上几个来。其实，这就是很多父母只看到了孩子的缺点，而没有看到孩子的优点，即便是孩子有了一个优点，父母也会横向比较，觉得孩子比更优秀的孩子还是有差距，这样一种心理会促使产生过高的期望值从而模糊了父母的眼睛。所以，父母应该看到孩子的优点，只要孩子显露出了一个优点，那就是值得赞赏的地方。

2.孩子细小的一步，也是值得称赞的一大步

与同龄最优秀的孩子相比，可能自己的孩子总是显得不那么突出，方方面面都差强人意。但是，比起孩子昨天的表现，你的孩子是否已经走了细小的一步呢，以前他可能英语成绩不及格，但现在几乎都能跨过及格的大关，取得了良好的成绩，或许他离优生还有一段距离，但是孩子的进步却是明显可见的，因而这也是值得称赞的一大步。父母要善于去发现孩子每天的一点进步，可能他今天变得有礼貌，他懂得了尊重他人，他开始学会关心妈妈了，等等。这一些点点滴滴的进步看起来微不足道，却是孩子做出的努力，所以，值得每一位关心孩子成长的父母进行大力的赞赏。

3.降低自己的期望值

对孩子不满意的根源，就是父母有着过高的期望值，大多数父母会关注到别人孩子的成绩，继而对自己孩子不满意，这就是典型的横向比较。教育专家指出，父母对孩子不满意，可能会引发孩子的心理问题，当孩子所承受的心理压力过大却又找不到释放的渠道时，这时候就容易出现问题。这时候，父母要改变观念，好孩子的标准既是要学习好，又要身心健康，人格健全。父母要降低自己的期望值，鼓励孩子的点滴成就，平等地与孩子进行沟通，尽可能地避免自己使用刺激性的语言来对孩子造成伤害。

4.用发展的眼光看待孩子

父母应该用发展的眼光看待孩子，允许孩子犯各种错误，不过父母要及时帮助孩子改正，不要等自己想起孩子以前所犯过的错误，现在自己有时间了就开始教育孩子，这其实就是违背了教育的及时性，无论父母怎么样说，那孩子也不会听你的。

5.等待孩子慢慢成长

父母要学会等待孩子的成长，孩子毕竟还很小，他的想法不可能跟大人一样，父母要允许孩子有自己的想法、做法，孩子可能暂时达不到父母所设定的理想层次，但孩子毕竟还小，等孩子长大了，见识多了，他就会慢慢地纠正过来以往那些不足的地方。

6.了解孩子的想法

父母要学会和孩子共同探讨一些问题，从而了解孩子的想法，引导孩子的思维，同时激发孩子对知识的渴望，允许孩子说出一些稀奇古怪的想法，让他自己去找资料来验证，或者父母给孩子提供资料。

你不可以犯错

孩子天生就是积极的，喜欢尝试的。只要他一张开眼睛，就尝试着到处看；当他能控制自己的动作时，就喜欢到处爬。自然，由于许多事情都是第一次，难免会出错。假如孩子的每一次尝试父母都报以严厉呵斥“不准”或大惊小怪地惊呼“危险”时，他就好像被电击一样，时间长了，他对自己所说的事情变得不那么自信了，因为他不知道自己做完之后父母是否又该大声说“不”。最后，他会如父母所愿变成一个乖孩子，不过却把

“自卑”的种子深深地根植于心中。

每一个孩子天生都是纯真而美好的，他们带着自己独特的命运来到这个世界。作为父母，最重要的任务是识别、尊重并培养孩子自然而独特的成长过程，有责任、明智地支持孩子，帮助他们发展自己的天赋和优点。父母需要意识到，没有哪个孩子是完美的，所有的孩子都会犯错误，这是不可避免的。

赵妈妈每天挂在嘴边的就是“你不可以这样做”，她抱怨，儿子每天小错不断，大错隔三差五，每天在家里搞破坏，比如早上起来孩子把卷筒纸缠在身上做飘带，上学路上把奥特曼拆得七零八落，幼儿园老师反映他把洗手池的水龙头堵了，想看看水还能从哪里冒出来……

一次次犯错误，卧室的灯泡一个月内闪坏两次，却推卸责任说妈妈买的灯泡不“结实”；后院里的花朵一天天减少，小家伙摘了种在土里、泡在水里，屡种屡死；饭后积极收拾碗筷，摔坏碗筷，还不打自招地称“我不是故意的”，然后还恍然大悟地说：“妈妈，原来瓷盘子真的不能摔呀！”对于孩子幼稚且故意犯下的错误，妈妈十分生气，训过几次，不过没什么效果，还变本加厉故意作对，这让妈妈很是头疼。

心理学家告诫父母们：不要努力培养“不会犯错的孩子”。当父母在教导孩子时，亦步亦趋的紧盯着孩子，要求着孩子不要犯错。只要孩子错一点点，就着急叮咛与矫正，担心孩子做错事。不过，父母考虑过吗？这样真的是对孩子最好的方式吗？小时候不让孩子去尝试，等到长大后又抱怨孩子很被动，没人教他就不会动；小时候不让孩子“失败”，等到长大后却又抱怨孩子怕“挫折”，一点小事就放弃。

对孩子而言，没有比无法拥有一个“完美”的童年更糟糕的事情了。法国教育家福禄贝尔曾说：“推动摇篮的手就是推动地球的手。”作为父母，要明白智商并不是第一位的，不过智慧一定是最关键的。孩子犯错并不可怕，可怕的是父母对待孩子犯错的错误方式。父母不当的管教方式，不仅不能让孩子认识到错误的本质、体验到犯错的后果，反而让孩子身心受到更大的伤害，甚至会让孩子走向父母期望的另外一个极端。

孩子衡量自己的惟一途径是通过父母的反应，父母应传递给孩子的信息是：只要尽最大努力就够了，错误是学习和成长中很自然的一部分。通过犯错误，让孩子学到什么是对的、什么对自己最好。当孩子得到明确的信息，明白犯错误没关系，那些不良反应就可以避免。所以，父母应允许孩子犯错误，且视错误为学习的过程，让孩子有机会得到充分的发展。

小贴士

1.鼓励孩子大胆尝试

孩子就像是一个天生的“科学家”，凡事都要亲身去尝试，才会愿意相信这是事实。即便父母跟他说：“这个杯子会很烫。”假如杯口没有冒热气，孩子总要摸一下才会愿意相信。尽管这在父母看来是调皮，不过也就是因为这样的“天真”与“执着”，让孩子与父母有着决然不同的想法。允许孩子犯错，实际上就是鼓励孩子不怕失败、敢于尝试。

2.重视孩子的天性与特长

当父母把所有的精力都在重视孩子“不会犯错”，却忽略了孩子的天性与特性，这样的努力到头来可能是一场空，且会让孩子感到精疲力尽。孩子的成功值得表扬，不过“失败”也不是一件错事，最重要的是孩子喜欢“探索”与“尝试”。父母应重视孩子的天性与特性，鼓励孩子在尝试中成长。

3.不要把“不可以”挂在嘴边

婴儿是在跌跌撞撞中学会了走路，那是因为不怕跌倒，才可以走得很好。父母不要总是把“不可以”挂在嘴边，这不是在保护孩子，反而是在限制孩子的发展。相反，父母可以告诉孩子“可以这么做”，给孩子一些练习的时间，不要期望一次就可以做好，毕竟孩子需要练习才会熟练。

4.鼓励孩子认错

假如孩子真的犯错了，父母需要耐心教导，鼓励孩子承认错误。让孩子明白，犯错是一件很平常的事情，每个人都会犯错，只要勇于改正才是好孩子。在这个过程中，父母要有足够的耐心，否则就会让孩子害怕受到惩罚，这样反而会让孩子学会了隐瞒自己的错误。在他们看来，与其面对惩罚，还不如隐瞒所做的事情并希望不被发现。

5.别给孩子乱贴“标签”

当孩子犯错的时候，记住不论自己多么生气、多恼火，一定要努力克制住情绪，不要乱贴标签，比如“坏孩子”“惹祸精”等。等到父母和孩子都心平气和的时候，不用命令的语气，而是用建议的方式跟孩子沟通他的错误，这样父母会更深刻地了解孩子犯错的心路历程，借此可以引导孩子认识世界，引领孩子健康成长。

没看见我正在忙吗

生活中，我们经常看到这样的画面：孩子非常有热情地呼唤父母，却换来父母冷冷的回应“你没看见我正在忙吗”“你眼瞎啊，没看见我忙着呢，等会儿”。父母极度不耐烦的语气，传递给孩子的信息是：父母对我正在做的事情没有兴趣，我并不是他们爱的宝贝。如果父母长时间忽视孩子，结果会让孩子变得对父母失去信任，变得叛逆，甚至让孩子变得自私、不合群、缺乏爱心，觉得不受父母重视，做什么事情都无精打采，心理渐渐趋于消极化。

一项数据显示中国城市白领人群因无暇陪伴孩子，导致家庭幸福指数堪忧。这份调查报告显示，现代父母们每天陪伴孩子的时间不足1.05小时，60%的人不同程度地错过了孩子成长的关键时刻，75%的父母因工作等原因错过了孩子的第一次说话。孩子需要陪伴，必须是父母两人的陪伴。在孩子成长的每个阶段，他都有特定的心理需求，这是父母不容忽视的。面对孩子渴望的眼神，父母不能单是一句“没看见我正在忙吗”就敷衍了，这会让孩子更受伤。

小刚高兴地对妈妈说：“妈妈，今天跑步我得了第一名。”妈妈淡淡地回应了一句：“和谁跑步啊？为什么跑步啊？”小刚十分高兴：“今天上体育课，老师让我们比赛跑步，我是跑得最快的，老师夸我很有运动天赋呢。”妈妈似乎没有听到小刚的话：“哦，知道了，你没看见我正在忙吗？你今天有作业吗？快去做作业吧！”听到妈妈这样说，小刚有些失望，闷闷不乐地躲进了自己的房间，他想不明白为什么自己跑了第一名，妈妈却好像一点儿高兴都没有，也没有称赞自己。

这时爸爸回来了，爸爸看到小刚好像不太高兴，就问：“孩子怎么了，有什么不开心的事情吗？”小刚委屈地对爸爸说：“爸爸，我今天跑步得了第一名，老师都夸奖我了，但是妈妈好像一点儿都不高兴。”爸爸很高兴地问：“是吗？第一名啊，真厉害！和爸爸说说，都是和谁跑得？”小刚绘声绘色地说：“体育老师让我们分两组，男生一组，女生一

组，男生里我跑得最快，他们都不如我，被我落下好大一截呢！”爸爸夸奖说：“真是不错，一会吃饭多吃点，这样身体才会更强壮，以后跑步还会是第一名。”听到爸爸这样说，小刚高兴地点点头。

有时孩子需要的不仅仅是父母一句赞扬的话，他们更需要得到父母的重视和关心。假如父母没有对孩子的成绩表示出及时的关注，这会让孩子们感到失望，甚至有可能让孩子失去继续努力的动力。及时赏识孩子，表现出父母真心的赏识，这将会给孩子传递一种强大的精神力量，会让孩子更加自信，从而激励孩子奋发向上，让孩子健康快乐地成长。

对许多家庭来说，年轻父母因忙于自己的事业，将孩子交给爷爷奶奶或外公外婆照顾，或把孩子全托，只有等到周末才把孩子接回家，一起生活几天培养亲情，于是他们有了“周末父母”的称号。随着现代社会的发展，这已经成为比较普遍的社会现象。假设一年12个月，忽略寒暑假，每个月按4周计算，这样大致算下来，一年之中父母和孩子一起度过的时间竟然不到1/3。连陪伴孩子的时间都少得可怜，更别说关注孩子的心理需求了。

小贴士

1.及时关注

每个人都希望获得别人的认同，孩子更是这样，特别是来自父母的关注。孩子通过自己的努力，在学习或者比赛中赢得好成绩，这就是值得父母赏识的事情。这时父母就应该及时给予热情的赏识和赞扬，许多事实证明，及时赏识和赞扬孩子，比后面再给予赞扬所起到的作用要大很多。

2.更多注重孩子的心理需求

父母不要只关注孩子物质上的需求，需要更多关注其心理需求，比如注重孩子情商的培养和性格的形成，尽可能多抽时间陪陪孩子，与他们尽可能的多些时间在一起，关注生活中孩子的点滴变化，培养孩子良好的习惯和性格。

3.主动关注孩子

别总是等着孩子问“妈妈，你觉得我画得怎么样”。作为父母需要主动关注孩子，比如孩子突然之间变得不喜欢说话了，及时关注并沟通，找出原因，便于孩子走出抑郁的心情。孩子每天放学后，父母可以习惯性问：今天过得怎么样？发生了什么有趣的事情吗？

4.关注孩子在学校的表现

或许父母每天忙于工作不容易发现孩子的一些情况，那不妨多问问老师，老师会乐意将孩子的情况说明。比如孩子上课积极回答问题了吗？孩子与同学们关系融洽吗？通过孩子学校的表现，判断孩子近段时间里的身心变化，这样父母可以更好地依照孩子成长规律调整教育方式。

第06章

信念与行为，及时修正教育方式

布鲁斯·利普顿博士说：“掌控我们人生的，不是DNA，不是基因，而是我们的信念。”父母的教育行为会传递给孩子一些关于信念的信息，好的教育行为会潜移默化地在孩子心里形成积极的信念，从而改变孩子的内在思维和行为模式。

你的溺爱，正在慢慢毁掉孩子

父母对孩子的爱是无私的，但是不能溺爱孩子。爱子如杀子是几千年古人经验传下来的，不是一句空头话，要正确的爱，孩子才会有自己的天地和观点。父母不要把自己的人生观、价值观、审美观强加给孩子，对孩子不合理的要求也予以满足，父母应该做的是对孩子既严格，又要给他们宽松的一片天地，正确引导孩子的思想、教育孩子坚强的面对生活。

父母对孩子的溺爱，大体有这样几种：特殊待遇，给孩子吃独食、做独生日，让孩子充满优越感，变得自私、没同情心，不会关心别人；过分注意，由于父母的过分注意，孩子经常无所适从，不但他的主动性会受到影响，而且将会更加以自我为中心。凡是包办代替，家里大小事都包办代替，即便孩子可以做的事情，父母也都要全权代替；小病大惊，孩子有一点点小病小痛，父母就会失去镇静，大惊小怪。

王妈妈的女儿长得特别漂亮，所以从小对女儿就百般呵护。有一次妈妈在上班时突然想起孩子早上打了几个喷嚏，她不禁问自己：她会不会发热，或者是生别的毛病？她越想越担心，于是马上放下手中的工作，请假后急急忙忙赶到幼儿园里。结果，她看到孩子正在那里活蹦乱跳地玩呢！

长大后，只要孩子一出门，爸爸妈妈便会十分小心，假如能陪伴肯定

不会让她单独出门，就担心她会遇到危险、被人欺负，或是被其他孩子给带坏了。但爸爸妈妈的付出，孩子并不领情。时间久了，孩子觉得失去了自由，遇到这样的情况，爸爸妈妈该怎么样带孩子呢?

溺爱会让父母经常保持脆弱的神经，而这样的“脆弱”会连累孩子。父母经常性的担忧会感染孩子，让孩子也变得胆小怕事。而父母对孩子的关心面面俱到，无微不至，这样做的结果是惯坏了孩子，导致他们对家庭，特别是对母亲过分依赖，并慢慢形成懦弱、胆怯和忧郁的性格，不但使孩子的独立生活能力差，而且难以很好地与周围人相处。

父母是孩子的第一任老师，一旦父母对孩子采取溺爱、迁就的教育方式，将孩子放到比父母还高的位置，包办代替孩子的一切。那时间长了，孩子就会变得以自我为中心，这样的孩子往往比较软弱，不会考虑别人的感受。甚至，有的孩子提出的要求在得不到父母的响应时就会采取极端的方法，在孩子看来，自己的要求就是命令，而父母以前从来没有拒绝过，孩子潜意识里根本就没有“自己得不到的东西”这样的想法。

小贴士

1.对孩子不宜过分保护

实际上孩子并不是天生就胆小，往往是父母对孩子过分的保护，结果导致孩子胆子越来越小。假如父母在确保孩子安全的情况下，少一些担忧，多一些鼓励，即便在孩子摔倒之后也不要大惊小怪，而是没事地对孩子说：“宝贝，没事，赶紧起来，妈妈知道你最勇敢了。”这样，孩子就会自己爬起来，也不会变得懦弱胆怯了。

2.不要以孩子为中心

许多家庭里都习惯以孩子为中心，家里的事物安排几乎都是围绕孩子。即便是客人来，所谈论的都是关于孩子的话题。这样太关注孩子，以孩子为中心，孩子便容易骄傲。孩子会觉得自己才是家里的中心，因而会更加肆无忌惮。

3.对孩子不要搞特殊对待

在家里，每位成员都是平等的。假如什么时候都给孩子特殊待遇，有什么好东西都给孩子留着，会让孩子感觉自己是高人一等的。这样一来孩子就会感觉到自己的特殊地位，习惯于高高在上，长大后肯定会变得自私，缺乏同情心，不关心他人。

4.尽量把孩子接到身边来

许多家庭因为工作的关系，往往会把刚出生没多久的孩子交给爷爷奶奶或外公外婆带。这种隔代的抚养，往往会造成许多溺爱成分，而通常在这种环境下长大的孩子比那些从小由父母带大的孩子更加娇生惯养。所以，在孩子记事以前，尽可能地将孩子接到自己身边。

5.对孩子不能全权包办

许多父母担心孩子做不好事情，于是几乎所有的事情都会代替孩子去做，结果导致孩子到了三四岁还需要喂饭、穿衣，五六岁了还不会做简单的家务。在这样溺爱下成长的孩子不但不会变得勤劳，同时也缺少同情心和上进心。

6.别总是满足孩子的要求，更不用有求必应

父母对孩子的要求需要认真考虑，不能孩子要求什么就给什么。有的父母总是担心孩子会哭闹，所以就会对孩子百依百顺。对孩子的要求总是有求必应，这样做必然会养成孩子不珍惜物品、喜欢物质、浪费金钱等不良性格。

7.别总是袒护自己的孩子

许多时候，孩子在外面和别的小朋友有了争执，这时有的父母总是偏向、保护自己的孩子，而不管孩子是否做得对。而在许多家庭里，一旦孩子受到父母的惩罚，爷爷奶奶总是出来替孩子说话，时间长了，孩子就会将家里对自己管教较松散的人当做“保护神”。这样的结果不但会让孩子性格扭曲，甚至会影响到家庭的和睦。

你越唠叨，孩子越厌烦

心理学家认为，父母总反反复复说同样的话，会让孩子产生一种习惯性的模糊听觉。即明明在听，却怎么也听不进心里去，这是长时间重复听同样的声音而产生的一种心理上的不在乎。重复性的唠叨只会让孩子心烦，同时对父母的唠叨产生依赖感，渐渐地，父母不唠叨，孩子的事情就做不好；而批评性唠叨容易加重孩子的心理负担，让孩子对自己越来越缺乏信心，甚至产生强烈的逆反心理；随意性的唠叨会让孩子养成注意力不集中的习惯，孩子对需要记住的事情也经常当成耳边风。

妈妈早早地起来，一边收拾房间，一边为孩子准备早餐。6：30，牛奶、鸡蛋、面包准时端上桌，妈妈就开始一遍一遍地叫孩子起床。不知妈妈叫了多少遍，一直到快7：20了，孩子才懒洋洋地起来。胡乱刷刷牙，抹两把脸，孩子坐到饭桌前用最快的速度对付着这顿早餐。这时妈妈在为他叠被子，收拾凌乱的衣服、物品，嘴里还不停地唠叨着：“看看你，老是把房间弄得乱七八糟，总让妈妈给你收拾。每天让你起床都得喊很多遍才动，早饭都凉了吧？总吃凉饭，还这么狼吞虎咽的，胃要坏的，天天跟你说也没用。要是妈一叫你就早点起来，不是就不用这么紧张，也不会老是迟到挨批评了……”

孩子对妈妈的话充耳不闻，只顾把吃的、喝的填进肚子，用手背抹抹嘴，抓起妈妈早已经为他放到客厅沙发上的书包，转身就往外走。妈妈追在孩子的身后喊着：“急什么呀，就吃这么几口呀，一上午的课呢，会饿的。哎，上学的东西都带齐了吗，别又落点儿什么，每天都得让人提醒……”孩子无奈地嘟囔：“天天这样唠叨，你烦不烦啊。”

唠叨，基本上表现为机械的重复陈词滥调，类似的话需要反复说很多遍，而且几乎是每天都在说，就好像一只讨厌的苍蝇一般。对于父母的唠叨，直听得孩子耳朵“磨”出老茧，身心也被折磨得急躁不安，这容易使孩子心烦意乱，没办法进入正常的学习状态。而且，父母唠叨的内容大部分指向的是孩子的弱点和缺点，没完没了的数落和冷嘲热讽，大多是“不许这样”“不要那样”等等，让孩子感觉到不受尊重。

而且，父母过分的唠叨会让孩子产生自我保护式的逆反心理，他们会采取消极对抗、沉默不语，甚至与父母针锋相对。心理学家认为，没有十全十美的孩子，也没有十全十美的父母，假如父母苛求完美，唠叨个没完，让孩子感到厌烦，结果父母说什么，孩子根本没听进去。

尽管父母有责任对子女的不当言行及思想进行批评教育，但一定要注意形式，不要没完没了地唠叨。因为唠叨不仅起不到效果，反而会产生许多负面的影响。

小贴士

1孩子需要指导，而不是唠叨

父母的指导是言简意赅的，亲切的，这是一种促进，鼓励孩子独立处理问题，被指导的孩子情绪稳定，心情愉快。而唠叨带有责怪、警告的成份，经常对孩子表现出不尊重和不信任。唠叨让孩子厌倦、反感、苦闷，会让孩子形成儿童行为惰性，不说几次，孩子就不会去做，这是一种恶性循环。

2.不要命令式唠叨

父母多和孩子说悄悄话，语言尽量低声，这是家庭关系和谐的一个重要因素，同时利于避免气氛恶化。假如让孩子做什么事情，可以用亲切的语言在他身边轻轻地告诉他，特别是对于年纪较小的孩子，这不是命令，而是感情的信任。事实上，悄悄的一句话比大声呵斥的作用大得多。

3.不要每件事都唠叨

尽管父母喜欢对孩子讲话，不过许多并没有说到点子上。正所谓事无巨细，如果对每件事情都反复强调叮嘱反而搞得家庭上下不得安宁，父母为孩子不听话而生气，孩子在繁杂的语言环境中安不下心来做功课，结果往往是适得其反。

4.切勿信口开河

父母在对孩子进行说教时，切勿信口开河。比如，规定孩子做好作业再开饭，不过有的父母尽管讲出去了，但心里又担心孩子肚子饿，就会信口开河说：“你饿不饿？”“快吃快吃，饭都凉了。你到底还想不想吃饭？”这样自相矛盾的话，反映了父母“说话不算数，没有威望”的特点。所以，父母在开口前要经过一番理智的思考，不能信口开河。

父母也有犯错的时候

著名心理学家罗达说过，“当父母错了，或违背了自己许下的诺言时，如果能向孩子真诚的说一声对不起，可以给孩子建立自尊，同时能培养孩子尊重人的好习惯。”俗话说，人非圣贤，孰能无过？知错能改，善莫大焉。父母毕竟只是普通人，在日常生活中，难免有时候会误解孩子，甚至伤害了孩子。

其实，父母做错了事情不要紧，重要的是，一旦发现自己做错了，就要敢于向孩子承认错误并真诚地道歉。但在实际生活中，许多父母都没有在孩子面前认错的想法，有的父母非但不会认错，反而会无理地斥责孩子，以批评孩子的方式来掩盖自己的错误，这样的父母做法是极为不妥当的。即便是父母做错，也要敢于认错，并向孩子真诚地道歉。

妈妈有点洁癖，她每天上班前都会把家里收拾得整整齐齐，平时她也不允许孩子把家里弄得很脏。一天下班回家，妈妈看到书柜被翻得乱七八糟，地上到处都是书，而孩子正坐在地上翻书。妈妈很生气，她想当然地便以为是孩子乱翻书的，对着他就发了一顿脾气，孩子也生气了，死活不承认是自己弄乱了。孩子说自己一进来就是这样。妈妈更生气了，孩子错了竟然还不肯承认，于是，妈妈命令孩子半小时内把书整理好。孩子满脸委曲，气呼呼地开始收拾地上的书籍，妈妈离开了，想给孩子独立的时间，冷静一下，让他好好反省自己。

不一会儿，爸爸回来了，说上去找文件把家里翻乱了。这时候，妈妈才知道，原来是爸爸弄乱了书橱，自己真的误会了孩子。不过，妈妈还是说：“我进来时你爸爸又不在这儿，而只有你一个人在房间里，所以我才认为是你，再说趁着这次让你学着整理整理书房也是应该的。”孩子听了，默默地回到了自己的房间。

每个人都不可避免地会犯一些错误，其实，犯错并不可怕，可怕的是用一个错误来掩饰自己所犯下的错误，不断地掩饰，最后作为孩子的反面

教材。如果父母真的做错了，也要真诚地向孩子说：“对不起。”父母这样勇于向孩子承认错误是用行动告诉孩子，知错就改这才是正确的选择。孩子从父母身上学会了这些，就会以相同的态度来对待身边的人，从而奠定了孩子良好的品质。

小贴士

1.真诚地向孩子道歉

父母如果真的做错了，那就要给孩子真诚地道歉。如果愿意向孩子说声“对不起”，这样不仅不会降低父母的身份，反而会提高父母在孩子心中的形象。因为，家庭是孩子人格形成的最重要的场所，良好的家庭坏境，特别是父母以身作则的正面行为，能给孩子一个良好的示范作用。当父母犯错了，就必须向孩子说明这件事错的原因，自己为什么做错了，这也是一种间接教育的方法。

父母应该以真诚地态度给孩子道歉，而不是为自己的错误找借口，否则会让孩子觉得很失望。时间长了，如果孩子犯错了，他也会为自己的错误而找借口。所以，当父母犯了错，就要以真诚地态度向孩子道歉。父母对孩子道歉的时候，态度诚恳，对任何一个错误，都不应该漫不经心地说：“对不起。”这样坦率地承认自己的错误，以博得孩子的信任。

2.及时道歉

有的父母明明知道自己错了，但是迟迟不肯向孩子道歉，以时间的拖延，企图模糊自己的错误行为。其实，父母犯错是难以避免的，而犯错了必然会伤害到孩子和家人，还会让孩子产生怨恨，所以，父母既然做错了事情，就要及时地给孩子道歉，否则给孩子带来的伤害就难以弥补。只有及时道歉才能获得孩子的原谅，才会及时补救孩子的信任和友爱。

3.认错要落实在实际行动上

父母当着孩子的面认错道歉，这并不是表面工夫，还需要落实到实际行动上。如果父母在认错之后，遇到了同样的问题还是不会改变，这种行为就会大大地伤害孩子，甚至比道歉还伤害孩子的心。所以，父母自己说了不会再犯相同或类似的错误，就一定要做到，以实际行动告诉孩子，自己改正了错误。

欺骗孩子并不是小事

培养孩子诚信的品格，父母的示范作用是极其重要的，尤其是经常陪伴在孩子身边的妈妈，自己的行为举止更是一种表率作用。有的妈妈喜欢向孩子开一些空头支票，但却从来没有真正地兑现过，时间长了，孩子就会觉得上当受骗了。

如果妈妈说话都不算数，那么孩子也不会信守承诺，孩子不会把妈妈的话当回事，等到你再做出类似的承诺，孩子会指着你喊："骗子，骗子，我再也不相信你说的那些话了。"试想，当一个妈妈听到孩子对自己这样的评价，心里又会怎么想呢？而且，妈妈不信守承诺的行为已经成为了孩子的模仿对象，使孩子沾染上喜欢说谎的坏习惯，这会影响孩子一生的发展。

孩子很早就嚷着去爷爷家玩了，妈妈为了不再听到他整日的嚷嚷，就向孩子承诺："你这周好好听妈妈的话，如果表现好，周末妈妈就带着你去爷爷家。"孩子兴奋地走开了，爸爸笑着说："对孩子许下的承诺，你到时候可要兑现啊，否则孩子就会因上当而愤怒，说不定还养成撒谎的坏习惯。”妈妈不以为然，说道：“小孩子而已，那么较真做什么。”结果，周末因妈妈工作忙，结果没能兑现承诺，孩子觉得很憋屈，更让他难过的是，妈妈对此连一句安慰话都没有。

此后一段时间，孩子对爸妈的话爱理不理，妈妈又说：“宝贝，妈妈准备周末带你去爷爷家里玩。”这时孩子总会不屑一顾：“哼，又骗人。”说完，就回自己的房间了，剩下妈妈在发呆：这孩子，怎么这样？

孩子正处在了解社会、了解世界的成长期，他们既没有辨别的能力，也没有清晰的是非观念，如果妈妈长期言行不一致，就会使孩子形成不正确的处世观念，继而影响到孩子的一生。如果妈妈要求孩子做到的，自己却没有做到，孩子以后就不会听从妈妈的教诲，也不再相信妈妈许下的任何承诺了。

而且，言行不一致的妈妈在孩子心中往往没有了威信，也会严重影响家庭教育的施行，影响妈妈在孩子心中的形象，影响妈妈与孩子之间的感情。所以，妈妈一定要注意自己的言行，在孩子面前做到言行一致，信守承诺，为孩子做好优秀的表率，做一个说话负责任的好妈妈。

小贴士

1.言出必行，言行一致

妈妈总喜欢对孩子说：“你要好好听话哦，这次表现好了，妈妈会带你去玩。”孩子一直视妈妈为学习榜样，对妈妈许下的承诺也是坚信不疑。但是，许多妈妈许诺很容易，但兑现诺言却比登天还难，在事情过后，妈妈们浑然忘记了自己的诺言，等孩子质问起来，有的妈妈打起了太极：“妈妈好像没有说过吧，可能是无心说的，你不要当回事。”这样，孩子不仅会感到失望，而且有一种上当受骗的愤怒。所以，妈妈要说负责任的话，说出的话就要做到，坚决做一个言行一致的妈妈，给孩子做好榜样。

2.不要试图以谎言来教导孩子不要说谎

有的妈妈说话很不负责任，她会警告孩子：“如果你再撒谎，妈妈就用针把你的嘴缝上。”这时候，妈妈就要反思了，你的话是否也是个谎言呢？如果孩子真的撒谎了，你真会缝上他的嘴吗？回答显然是不可能的，妈妈有时候也会说一些谎言来教导孩子不要撒谎，实际上你所说的话就是谎言。当你的谎言被孩子拆穿之后，孩子就会失信于你，这样根本不可能培养孩子的诚信品格。所以，妈妈要用正确的言行来引导孩子不要撒谎，而不是用谎言来教育孩子不要撒谎。

3.不要轻易许诺

孩子也喜欢听好话，喜欢听到带着某种奖励的话，于是，在日常生活中，有些妈妈常常为了诱导孩子去做一些事情，就轻易许诺，但事后却忘得一干二净，孩子所希望的落空了，他们惊讶地发现妈妈是个大骗子。其实，小孩子做事是需要一定的诱导的，但是，妈妈们要切记，许诺时要思考自己是否能兑现诺言，如果难以兑现，妈妈还是不要许诺。其实，妈妈轻易许诺但不兑现诺言，这样做不利于培养孩子诚信的品格，孩子还会学到一些不良的行为：为了达到目的，说话夸张一点也不要紧；妈妈对自己撒谎，自己被欺骗了；妈妈会失信的，以后也不能听信妈妈的话；撒谎是允许的。这样，孩子就会受到妈妈的不良言行的“污染”。为了孩子树立诚信品格，妈妈不要轻易许诺，一旦许诺，一定要兑现自己的诺言。

别把你的梦想强加给孩子

当孩子迈进了幼儿园，父母就开始为孩子规划一步步地成长历程，还想好了孩子以后要读什么专业，成为一个什么样的人。这时候，父母不顾孩子的兴趣与想法，强行要求孩子沿着自己设计的轨道发展，如果孩子逆反了自己的意愿，就对孩子大声责骂，否定孩子所取得的成绩。

父母往往把自己未能完成的梦想或目标投射到孩子身上，逼迫孩子学习他不喜欢的东西，结果适得其反。在现实生活中，父母往往喜欢为孩子设计梦想，甚至擅自做主地刻上自己梦想的痕迹。

作为父母，有着望子成龙的心理是可以理解的，但是，为了孩子能够有一个美好的未来，尊重孩子自己的选择，不要把自己的愿望强加在孩子的身上，也不要给孩子过大的压力，这样才能帮助孩子实现美好的梦想。

孩子小学三年级的时候，妈妈在同事那里听说，孩子如果作为特长生上中学，会有加分的优厚待遇。妈妈想起了孩子的绘画才能，兴奋地跑回家给孩子说了大半天，可是孩子却反应平平。妈妈擅自作主给孩子报了绘画培训班，并把这一消息通知给孩子，孩子显得很生气："妈妈，我还没有说自己要去学习绘画呢，我长大之后不想当画家，再说现在功课还这么紧张。"妈妈不以为然："妈妈也是为你好，这样你上重点中学就有把握了，妈妈已经把学费都交了，我的小乖乖，你就去学吧。"孩子在妈妈的强烈催促下，无奈的去上了绘画培训班。可是，后来孩子的绘画非但没有取得进步，反而落后了，学习上耽误得太多，成绩也下降了。

孩子到了一定的年龄阶段，他的自我意识越来越明确，他有了自己的想法和梦想。在他那小小的心里，他甚至想好了自己要成为一个什么样的人。这时候，父母要尊重孩子的梦想，积极引导孩子，呵护孩子的梦想，不要打击，也不要否定，而是应给予全力地支持。

父母作为孩子的领航者，帮助孩子自己设计梦想，给他的梦想装上两只翅膀，给孩子一个广阔的天地，让梦想翱翔于蓝天。

小贴士

1.呵护孩子的梦想

对于孩子的梦想，父母觉得比较合理，就要给予大力的支持，但这并不是简单地点头，也不是马上就要求孩子付诸于实际行动。让孩子为了实现自己的梦想而努力奋斗，这也需要考虑到孩子的接受能力。孩子的梦想是一个循序渐进的过程，在孩子萌发梦想之初，父母要精心呵护，不要对孩子的梦想不理睬，也不要企图拔苗助长。父母要以理解宽容地态度来对待孩子的梦想，这样才能使孩子树立稳固的梦想。

如果孩子的梦想有些不切实际，甚至显得很荒唐，这时候，父母也要耐心地询问孩子，与孩子进行有效的沟通。对孩子的想法，需要支持就要给予鼓励，即便是不需要支持的也要先给予肯定，再引导孩子重新设计自己的梦想。

2.引导孩子把梦想作为前进的目标

孩子的梦想一旦确立了，父母就可以顺势引导，以梦想激励孩子，鼓励孩子采取一定的行动去实现梦想。父母可以在孩子梦想的过程中不断地进行鼓励以及给一些适当的奖励，让孩子充满自信，追逐梦想。朱永新曾说：“谁在保持着梦想，谁就梦想成真；谁在不懈地追寻理想，谁就能不断地实现理想”。父母在教育孩子中，更需要注重寻找孩子的梦想，编织孩子的梦想，以此引导孩子健康地成长。

3.尊重孩子的梦想

父母在培养孩子某些方面的能力的时候，必须要首先征求孩子的意见，尊重孩子的梦想。这时候，父母可以依据孩子平时的兴趣去理解孩子的梦想，明白孩子真正需要的是什么。就算是孩子的梦想与父母自己设计的有一些偏差甚至严重脱节，父母也要冷静地与孩子沟通，以孩子的梦想与选择为主，在尊重孩子梦想的基础上，向孩子表露出自己的想法，让孩子充分理解父母的想法，但是，最终的选择权还是交给孩子，父母千万不能擅自作主。

4.不要把自己的梦想强加给孩子

有的父母自己是医生，认为医生就是最伟大的职业，于是，他们在对孩子的教育中，就是不断地把自己的梦想强加在孩子身上，希望孩子能成为一名医生；有的父母则相反，他们受够了本职业带给自己的痛苦，他们不断地向孩子灌输这个职业不好，让孩子一开始就对该职业充满了反感。实际上，每个孩子都有自己的梦想，父母可以进行积极地引导，但切忌越俎代庖，把自己的梦想强加在孩子的身上。

第 07 章

责任和执行，该对孩子适当放手

孩子需要担负起责任，并执行生活中的一些行动，这样的孩子需要较强的独立性。所以，在正面管教过程中，父母应适当放手，让孩子有自由成长的空间，孩子可以独立地去做自己想做的事情，长大后他们做事才更有魄力。

孩子开始争辩，这是好事

由于受千百年传统观念的影响，父母总会觉得小孩子见识少、阅历浅、不成熟，又是自己生养的，于是形成了“大人说话小孩子听”的定论。许多父母不允许孩子与大人争辩，他们奉行“父母之命”的教义。孩子只能对父母的话“言听计从”，是决不允许与父母拌嘴、争辩的，否则就是“大逆不道”。

实际上，随着孩子进入成长期，他们的自我意识开始被唤醒，这时父母与孩子争辩是一件有意义的事情。所谓争辩就是争论、辩论的意思，是各执己见，互相辩论说理，这样做有利于思想沟通，通过争辩达成共识、解决问题。

汉堡心理学安格利卡法斯博士认为：“隔代人之间的争辩，对于下一代来说，是走上成人之路的重要一步。”允许孩子适当争辩，有助于孩子摆脱无方向状态的一个途径，可以使他们知道自己的能力和界限在何处。同时，争执可以让孩子变得自信和独立，在对抗中他们感觉自己受到重视，知道怎样才能贯彻自己的意志。争执也表示孩子正在走自己的路，他们注意到，父母并非总是正确的。

豆豆爸从小在父母严格管教下成长，虽然他在无数个夜晚回忆起父

亲用藤条抽在自己身上的痛楚仍颤抖不已，但是他依然感激父亲的严格成就了今天成功的自己。所以，他在对孩子的教育方面，一直坚信：严格管教，让孩子绝对听话。

从小豆豆就被爸爸教育：“在我面前，没有‘不，不要’的答案，只有‘是’的回答。”当爸爸问：“这次期末测验能取得优异成绩吗？”豆豆的回答必须是：“是的。”否则便会招来爸爸的一顿责骂。从小学到中学，豆豆几乎从来没有忤逆过爸爸，总是毕恭毕敬，对爸爸所有的吩咐以及教导都点头称是，从来没有争辩过。

转眼到了高三，在填报高考志愿时，豆豆与爸爸有了分歧，爸爸希望豆豆成为一名老师，但豆豆却想成为一名医生。爸爸说：“你知不知道，你爷爷是老师，我是老师，你当然也只能是老师，不能做其他的。”豆豆第一次昂起头，迎着父亲的眼睛争辩说：“为什么？我也有决定的权利。”爸爸不屑地说：“你是孩子，爸爸决定的事情，哪有你说话的份儿。我以前就是这么成长过来的，所以你也应该这样成长。”

心理学家认为，争执可以帮助孩子变得自信和独立。在与父母争辩过程中，孩子会感觉自己受到重视，知道应该怎样表达才能实现自己的意志。同时，争执也表明孩子自我意识的觉悟，正在试着走自己的路。争辩的胜利，无疑会让孩子获得一种快感和成就感，既让孩子有了估量自己能力的机会，也锻炼了他的意志力。

父母在教育孩子的时候，经常会遇到他回嘴、反驳、顶撞等情况。面对孩子的争辩，父母明智的做法就是给他争辩的权利，认真听取他的争辩。这样父母可以从孩子的争辩中了解他发生某种行为的背景、条件以及心理动机等，从而进行针对性地教育。

同时，让孩子争辩，为父母树立了一面镜子。父母通过听取孩子的争辩，可以检验自己的教育方法是否得当，说法是否在理。明智的父母常常不把自己的意志简单地强加在孩子身上，而是为孩子争辩创造一个宽松、平等的氛围。而在与孩子争辩过程中，父母应循循善诱，以理服人，不要简单地把孩子的争辩看做是对自己的不敬。

小贴士

1.孩子争辩意味着其能力的发展

孩子争辩的时候，往往是他最得意、最来劲、最高兴、最认真的时候。这样做对孩子是很有益处的。允许孩子这样做，还可以营造家庭的民主气氛，提高他各方面的能力，对孩子未来的生活也是大有好处的。

2.允许孩子争辩

父母应该树立一种观念，允许孩子争辩，这并不是什么丢面子的事情。那种认为一旦允许孩子争辩，他就会不听话，不尊重自己，与自己为难的想法是不正确的。孩子与父母争辩，对双方都是很有好处的。

3.制定一定的规则

当然，孩子争辩是应该遵循规则的，也就是说，不允许他胡搅蛮缠、随心所欲，而是要在讲道理的基础上进行争辩。假如孩子违反了争辩的权利，父母自然应该加以制止。当然，父母是规则的制定者，因此在制定规则时要从实际出发，合乎孩子的情况，合乎一般的道理，否则，这样的争辩就是不合理的。

4.给孩子说话的权利

对于许多父母而言，给孩子说话的权利并不能轻易做到。父母在教育子女的时候，往往是只能我说你听，哪里容得孩子争辩？所以，在给孩子争辩的权利时，需要父母克服自以为是、唯我是从、只准说“是”、不准说“不”的单向说教思维定式，而应以尊重孩子、鼓励争辩、勇于认错、善于双方交流的思维方式。

5.事后反思

假如孩子因叛逆思维而带来的毫无理由的争辩，父母事后可以反思，到底是自己没有尊重孩子的意愿？还是孩子确实是在胡搅蛮缠。假如是前者，那父母需要反思自己，是否真的尊重了孩子；假如是后者，那可以仔细观察孩子做出这样行为背后的真实心理，了解之后予以相应的教育方式。

别偷看孩子的隐私

对父母而言，孩子一天天长大，生理一天天成熟，不过心理状态却极不稳定。让父母非常担忧的是，孩子自以为已经是成年人，渴望人格独立，经常对父母的询问三缄其口，日记上锁，和同学打电话也避开父母，很少与父母谈心里话。父母总想知道孩子为什么跟过去不一样了，他们担心自己的孩子因缺乏辨别力和免疫力误入歧途。当孩子不愿意开口的时候，父母了解孩子心理状态及交友情况的最佳办法就是看日记。

对孩子而言，自己已经长大了，有主见了，渴望独立自主，更希望得到别人的尊重和信任。他们喜欢独自思考问题，喜欢将秘密写入日记里。而且，孩子在这一时期已经明白未成年人不愿意公开的日记应属于个人隐私的范围。当孩子知道父母偷看自己的日记，便会认为父母侵犯了自己的隐私，最终的结果是造成双方关系紧张。

月月上初一了，从小学到初一，她在学校是同学、老师眼里的好学生，在家里是父母眼里的好孩子，学习、表现都没让爸爸妈妈操心。但是，开学不久，妈妈发现月月好像变了。每天回家，月月不再像以前稍微休息就开始写作业，而是喜欢照镜子，学习上也变得懒散了。不仅如此，女儿的学习成绩每况愈下，女儿到底是哪里不对劲了？妈妈内心很是苦恼。

问题的根源到底在哪里呢？尽管妈妈旁敲侧击，选择比较宽松的时机，想办法与月月沟通，但月月一副若无其事的样子，而且还对妈妈说："妈妈，我平时不就一直是这个样子吗？"妈妈一直愁眉苦脸，直到有一天，为女儿月月整理房间时，看到女儿的日记本放在床头柜上，妈妈不由心头一动，忍不住翻看了女儿的日记，不看则已，一看心惊：女儿喜欢了班里的一个男同学了……就在妈妈合上女儿日记本的时候，女儿走进了房间……

月月责怪妈妈侵犯了自己的"隐私"，是"违法行为"，而妈妈则气不打一处来，本来想对此事先冷静再说的妈妈忍不住冲动地骂了月月一通。最后，月月不但不认错，而且开始与妈妈较劲，一个月过去了，月月也没和妈妈说过一句话。妈妈又急又气，父母关心孩子，难道有错吗？

在案例中，月月妈妈不应该"见风就是雨"，青春期的女孩喜欢上某个异性同学并在日记里表达出来是很正常的，作为父母不应该与女儿正面冲突，而是应选择合适的时机因势利导。现在有许多孩子有记日记的习惯，且把它们珍藏在抽屉里，有些甚至上了密码锁。这时就会让父母与孩子产生隔阂，认为孩子有意回避什么。有的父母由于翻看孩子的日记，让孩子的自尊心备受损伤，产生这种家庭矛盾的原因是双方的。

日记是孩子的隐私，父母确实不应该轻易翻看孩子的日记。不过，当孩子不愿意开口说出自己的真实想法时，有时会在日记中有所表达。

假如这时父母可以了解到孩子的内心世界和真实想法，然后做出有针对性的指导，对孩子来说是很有益处的。然而，需要提醒的是，这是一个十分严肃的行为，父母在之前必须慎重思考，否则，就会给孩子带来不可弥补的伤害。

小贴士

1.给孩子独立的精神空间

父母需要尊重孩子，改变用强迫、指责等消极方式对待孩子，给他一个独立的精神空间。父母需要花时间、有耐性，做个有修养的听众，用心倾听孩子的心声，走进孩子的世界，积极发现孩子的优点，并进行发自内心的赞扬。假如确实需要对孩子进行批评，也要私下秘密进行。父母要花精力去了解孩子的需要，和孩子进行思想、感情、生活体验等各方面的沟通，孩子心里有事肯定愿意告诉父母。

2.有效增进与孩子之间的感情

孩子有较强的独立意识，作为父母可以利用吃饭等一家人围坐一起的时候，一起回忆孩子小时候的趣事，有助于建立孩子对父母的亲近感和信任感。周末与孩子一起逛街，在这个过程中父母需要淡化自己长辈的身份，尽可能让孩子带着自己玩，让孩子感到自己也可以对父母产生影响，从而缩短彼此之间的代沟，这样，孩子才愿意对父母说出心里话。

3.与孩子老师建立积极联系

父母需要加强与孩子学校的联系，当发现孩子有什么异常行为时，可通过班主任、老师了解情况，并请他们帮忙做孩子的工作。孩子遇到困难，心理肯定会产生一些变化，而这些变化很容易就会表现在孩子的神情举止上。父母关心孩子，很容易就会察觉到他心情上的变化，从而与他进行沟通解决问题，这时就无需通过翻看孩子日记来了解他了。

4.避免翻看孩子的日记

假如孩子发现父母在偷看自己的日记，会降低甚至失去对父母的信任感，不利于他的健康成长。如果父母实在不小心看了孩子的日记，他问起来也要说实话，再道个歉，假如孩子想和父母交流就如实说出自己的想法。假如父母与孩子之间有一定的透明度，孩子有机会向父母展示自己，有机会请父母帮助自己，那才是教育的上策。

5.尊重孩子隐私

父母要充分尊重孩子，不要野蛮地控制他。侵犯孩子的隐私，只会造成他对人性的敏感，排挤周围人，情绪上容易受到波动。孩子不愿意被控制的心理，会让他不停地反抗，回避问题，从而与外界隔离，这样下去父母就没办法与孩子交流，从而失去孩子的信任。

6.理解和支持孩子

父母要从心理上理解和支持孩子，心理上的关爱是父母孩子最大的财富，适当地给孩子一定的空间，让他能自己解决问题，这也是锻炼孩子独立面对问题的一种方式。

尊重孩子的心理断乳期

孩子叛逆，产生对抗情绪，这是一种独特心理现象，也是一种必然的生理现象。孩子的心理随着年龄段自身的变化而变化，第二性征的出现给他的心态造成了冲击，他面对自身的变化经常会感到不知所措，从而产生浮躁心态和对抗情绪。孩子心理呈现成长期心理的特殊性，他觉得自己已经像个成年人，所以在面对问题时他们经常呈现出幼稚的独立性，采取一些偏激的或是强烈的反应。

由于自我意识和好奇心的增强，又由于社会、媒体的冲击，促使成长期孩子对许多东西产生兴趣，他便要通过表现个性、追逐潮流来满足自我意识和好奇心。社会和家庭的传统教育的一些弊端，阻碍了他自身发展的需求，成为了对抗情绪产生的源头。

月月到了青春期，父母的感觉是月月变了，不怎么爱说话了，一开口动不动就说："你烦不烦啊，我不知道吗。"每次都让妈妈背地里伤心，这孩子长大了，完全不是当初搂着自己说"妈妈，我爱你"的乖丫头了。

每天晚上妈妈都会接月月放学，远远看见，月月与同学们有说有笑，走路也是蹦蹦跳跳，别提有多开心了。但只要看见妈妈，脸色就变了，冷漠地一个人朝前走，妈妈说句："月月，走慢点，等等妈妈。"这时月月便会不耐烦地说："早让你不来接我了，年纪大了，走路也不快。"偶尔还会打量一下妈妈的打扮，说："你看你今天穿的什么呀，衣品真差。"

当父母好心提醒孩子"降温了，带件衣服去学校"，孩子的回答却是"你好烦啊……"成长期孩子的不听话成为了父母心中挥之不去的"痛"，他要么与父母针锋相对，吵闹顶嘴；要么对父母的话置之不理，置若罔闻；要么受到批评就甩门而去甚至上演离家出走的戏码。对于这样的孩子，父母选择了"打骂"，但越是打骂，孩子反而越叛逆，越是与父母对着干。

孩子为独立作准备，所以他想在心理上跟父母作分离，表现出来的就是强烈的独立意识。心理学家认为，孩子成长期的亲子对抗是有积极意义的，只是每个孩子性格不一样，独立意识不同，许多父母都没准备好，孩子只是出于父母自身意愿而存在。面对成长期的亲子对抗，父母的改变应该比孩子更多。

小贴士

1.尊重孩子的“心理断乳期”

心理学家认为，12至16岁是孩子的“心理断乳期”，随着接触范围的扩大，知识面的增加，他们内心世界丰富了，容易对父母产生“逆反心理”。他们认为自己已经长大了，对社会、人生有着与父母不同的看法，不要父母处处管着自己，于是开始时时顶嘴，事事抬杠。

2.理解和接纳孩子

孩子出现的一系列身心变化，他自己也是始料不及、难以控制的，这时尤其需要父母的理解和接纳。千万不要看到孩子一些变化，或者发现孩子的反常行为就大呼小叫、惊慌失措，更不要打骂训斥，横加指责，否则，只会加剧孩子的逆反心理，增加与父母的隔阂。

3.父母改变自己的教育模式

父母要改变自己说话所用的语气、措辞、态度及行为。传统的教育方式已经证明没什么效果，所以不管你怎样改变，都可以比重复过去的方法多一个成功的机会，不要总以为改变了，孩子就会马上听话，他会用无数次试探来看父母是否坚持。

4.尊重和信任孩子

情绪本身不是问题，真正需要处理的是导致情绪出现的事情或过程。父母假如可以跳出这种在孩子面前的权威怪圈，从孩子成长的长远来看，做与孩子平等的朋友是更理智的教育方式。由于朋友之间的平等，让彼此之间的沟通会更流畅，这样就不会为“听话与否”的问题与孩子产生分歧了。

5.父母提高自身的影响力

父母对孩子的影响力来源于知识和榜样的力量。在平时生活中，父母要不断学习，提高自身知识积累，通过渊博的学识让孩子信服。以身作则，言行一致，注重自身修养，树立自己的威信，成为孩子的榜样。即便与孩子交流，也要做到心平气和，态度和蔼。

6.对孩子多忍让

孩子比较叛逆，父母不要硬碰硬，不要跟孩子争高低，认为胳膊总是拧不过大腿，对孩子应适度忍让。假如与孩子发生冲突，作为父母应该懂得忍让，让孩子先过去，这毕竟是孩子的人生必经路。

7.对孩子多赞美、少批评

教育家认为，好孩子都是夸出来的，恰到好处的赞美是父母与孩子沟通的兴奋剂、润滑剂。父母对孩子每时每刻的了解、欣赏、赞美、鼓励会增强孩子的自尊、自信。父母应该记住这样一句话：赞美鼓励使孩子进步，批评抱怨使孩子落后。

8.给孩子一个自由的空间

有时候孩子专注于感兴趣的事情而忽视了父母的话，这完全是在情理之中。父母应适当多给孩子留一个属于他们自己的空间。这样孩子才有时间或胆量做自己喜欢做的事情，假如父母可以及时送上称赞，还将有利于孩子将来的发展。

9.让孩子认识到什么样的行为是自己应该做的

多听话便会少用脑，这容易让孩子产生依赖的性格，不管对孩子的智力发展还是自主能力、创造能力的培养都非常不利。因此，最好的办法不是要孩子听话，而是帮助孩子认识和感觉到什么行为是他自己应该做的，而且让其从中感受到许多乐趣。

当逆反期撞上更年期

逆反期是孩子生理生育上的突变期，个体的生理发育迅猛，在一系列生理变化的推动下，个体的心理进入了飞速发展和变化的时期，特别是以智力的发展、自我意识的增强、性意识的觉醒和发展，以及情感的丰富和矛盾为特征。智力的发展和自我意识的增强，使孩子独立意识空前高涨，希望摆脱控制，要求自己做主。而性意识的觉醒和矛盾的情感体验，会让父母一时无法适应，本能地加强对孩子的控制，于是就会产生亲子间的冲突。

中国传统文化影响下的父母是拥有相当家庭权威感的，遭到孩子的挑战自然是不甘心的。特别是现在独生子女的父母，在孩子小的时候，往往过于宠爱，让孩子养成了坏脾气，到了逆反期更是失控。而社会的快速发展，令两代人的观念和行为方式的差距拉得更大，没办法互相认同，这使亲子之间更容易起冲突。这时再加上父母也处于更年期，若发生冲突就会火星撞地球，最后闹得不知如何收场。

13岁的小文很委屈：妈妈从去年开始就好像忽然变了一个人似的，每天疑神疑鬼，总是翻看我的手机、日记本、抽屉，每次说是帮我收拾房间，却总是把我房间翻得乱七八糟。而且变得非常敏感，我在家说什么做什么，她好像都看得不顺眼，莫名其妙就会骂我一顿。有一次同班一个男同学打电话向我问作业，我妈妈听见是男生就揪住不放，在电话里一个劲地追问人家的名字，家庭住址，为什么要给我打电话……我都快要崩溃了，我现在根本不想回到家里，不想跟妈妈生活在一起，只想走得远远的。为什么让我来看心理医生，我觉得她才最应该看心理医生，我实在忍受不了跟她一起生活的日子了。

妈妈满腹委屈：我这样做难道错了吗？她这样的年龄正是学习的关键时期，她就不应该去谈恋爱，我是她妈，我不管她，谁管她？

母亲和女儿都没有错，而是逆反期遇上了更年期。母亲和女儿都处于动荡的两个人生阶段，在原本就狭小的家里，坏情绪的张力是极大的，一旦两者碰撞到一起，就会发生各种矛盾冲突。

逆反期孩子表现叛逆，渴望自由、无拘无束、有自己的思想，而大多数更年期的父母焦躁、烦闷，遇到不如意的事情就脾气急躁。当孩子做错事或有看不顺眼的地方，就会一顿责骂，有的甚至对孩子拳脚相加。

父母的爱心需要体谅，孩子们尚未健全的心灵更需要保护。一旦孩子的自尊心、好胜心极强，那愤怒、羞耻的情绪就会随之而来，轻则生气，重则离家出走。这会让更年期的父母难以理解：为什么我一心为他好，他却这样对我，还离家出走，我到底有哪一点对不起他。

人与人之间最重要的沟通，是理解，孩子把自己的想法说给父母听，父母也要配合孩子，给他们创造一个宽松的空间可以畅所欲言，不要给他们太多的压力。孩子毕竟是孩子，阅历尚浅，有许多方面还需要父母多包容。

小贴士

1.和孩子做朋友

父母毕竟是成年人，在家庭中处于主导地位，应率先从自己的言行上作出表率，发出和平的信号，赢得孩子的理解，平复孩子的情绪。父母要和孩子站在平等的角度上，学会和孩子做朋友，尊重孩子，信任他，给孩子适当的空间去做自己的事情。比如进孩子的房间先敲门，不要追查孩子的电话和日记等；当孩子想要和同学们出去或者做一些自己喜欢的事情时，在保证孩子安全的前提下，问问孩子的需求，为他提供他所需要的帮助。

2.学会倾听孩子的心里话

父母一定要学会倾听孩子，听听孩子在学校的趣事，听听孩子讲讲自己的理想，说说自己的朋友，兴趣爱好等等。站在孩子的角度，跟上时代发展的步伐，去了解孩子感兴趣、懂的东西。这样做一方面有助于了解孩子的心理状态，另一方面可以找到和孩子更多的共同语言，建立沟通的桥梁。

3.鼓励和支持孩子

父母要学会鼓励和支持孩子，每天需要找孩子表现良好的方面。不管大小事，都需要在言语和行动上支持鼓励孩子。俗话说，好孩子都是夸出来的，不是挑剔出来的。一味的指责和挑剔，只能让孩子感觉到自己一无是处，对家感到恐惧和怨恨。

4.不要总盯着孩子的成绩

父母不要总紧盯着孩子的学习成绩不放，紧张和焦虑并不利于学习成绩的提高，反而可能会导致孩子厌学。允许孩子的成绩有起伏，鼓励和帮助孩子自己寻找解决问题的办法。孩子在学校里有老师每天监督学习，父母需要做的是在家为孩子创造一个轻松愉悦的成长环境。当一个孩子心理健康，积极向上，父母又对孩子信任和支持，尊重和理解，孩子会懂得应该做什么，怎么去做。

5.与孩子签订协议

父母不妨和孩子签订一个小协议，相互约定几项可以操作性的条例，积极的去执行。比如，当父母发现自己情绪不稳定或孩子情绪不稳定时，双方各自冷静三分钟，之后再互相心平气和的交流。允许孩子和父母犯错误，不过犯错误的一方需要及时向对方道歉，并争取下次改过等等。

6.爸爸做好“和事老”

当更年期的母亲遇到叛逆期的孩子，这时就需要父亲在家庭当中充当重要角色。在母亲与孩子之间，父亲就是润滑剂和监督者，监督母亲和孩子之间遵从签订的协议，积极执行。毕竟，一个和谐温暖的家庭环境，可以很有效地平复叛逆期和更年期的动荡。

如何化解紧张的亲子关系

在传统家庭教育中，孩子听父母的话是理所当然的，父母往往不太尊重孩子的意见。经常是父母做决定，包括填报高考志愿、找工作和选媳妇等所有孩子的人生大事，扼杀了孩子的个性，最后让孩子成为没有主见的人。随着社会的不断进步，现在的孩子变得越来越有自己的看法了，不再对父母的意见唯命是从了。于是，父母与孩子很容易产生矛盾。

母亲数落起女儿来，真是打开了话匣子：“每到了周末就天天睡懒觉，不睡到日上三竿绝不起床，有时我都下班回家了，她还赖在床上玩平板电脑。我真的是气坏了，责骂了她几句，没想到她就下楼去拿着剪刀就开始绞自己的头发，我连忙上前也没来得及阻拦，好好的头发剪了个跟狗啃似的，我狠狠地骂了她一顿，但怎么办呢，回头还是我带着她去店里修了修头发，好让发型看着自然一些。”

女儿听到这样的话，反驳说：“我妈妈简直是神经质，她习惯性早起就希望所有人都起来陪着她，实际上呢，我晚上做作业做到很晚，我希望可以睡到自然醒。但我妈妈偏不，她一个人无聊便要把我也拖起来，矛盾就是这样产生的。至于我为什么要剪头发，那纯粹是气急了一时的胡乱行为。”

母亲说，自己和女儿之间的矛盾是现在家里的“主要矛盾”，痛苦万分的母亲找心理咨询师咨询后，给女儿写了一封道歉信：“由于你弄丢了东西，在课堂上说话，成绩下降，剪了一个妈妈不喜欢的发型，和同学煲电话粥，妈妈是多么粗暴地对待你，大声地责骂你……女儿，感谢你的宽容，即便我刚刚责骂你，之后你还是呆在我身边，亲热地叫我妈妈；感谢你的存在，让妈妈意识到生活的责任。我多么希望我们母女二人能够永远和睦相处，成为彼此最亲密的人……”

父母和孩子解决矛盾的方式，不管是在目前还是在以后都会直接影响到孩子和其他人相处的态度。假如父母常常以蛮横或暴力方式去解决问题，由于在家里孩子没有学习到正确的解决矛盾的方法，在他进入叛逆期后就会产生很多问题。而在每天充满争吵、暴力或回避矛盾的家庭环境下成长起来的孩子，通常不懂得怎么样去解决和同龄人、和父母之间的分歧。

小贴士

1.不要对孩子做无原则的让步

当矛盾产生的时候，有的父母表现得过于宽容，因为他们不想伤害孩子的感情，更不愿意听到孩子说：“我恨你。”通常这类父母在年幼时受到过严厉管教，所以会采取完全相反的教育方法。父母十分感慨：我希望孩子觉得他的父母都是平易近人的，就像他的朋友一样，他在我面前可以无拘无束，自由自在。在与孩子发生冲突时，父母有时不得不对孩子做出让步，因为父母不想破坏和孩子建立起来的良好关系。

不过，无原则的让步会使孩子养成以自我为中心的性格，变得调皮捣蛋，难以控制，成年后会成为一个自私自利的人。父母要用纪律约束才会让孩子成为一个懂得自律的人，在孩子暴躁的时候，父母要想办法让他安静下来，习惯对孩子说“不”，让孩子知道，并非什么时候都是自己说了算，使他慢慢地学会为别人着想和尊重父母。

2.不要一味地回避与孩子的矛盾

当孩子在学校里考试作弊被老师抓到之后，若父母会说：“我的孩子是不会这样做的。”这样的父母通常不愿意正视孩子所犯的错误，当问题出现时，他们的第一反应就是推卸责任。孩子具有叛逆性，要说服他们并不是一件容易的事情，有许多父母不愿意和孩子正面交锋，而是采取冷处理回避矛盾的方法。尽管适当的降温是一件好事，不过假如一味地回避矛盾，其结果就是孩子长大后不懂得如何正面解决矛盾。

父母要习惯和孩子面对面地解决矛盾，假如现在忽略矛盾的存在，那结果是令人难过的。由于问题没有马上得到解决，会让心情变得焦虑和压抑，这种不良情绪积聚到一定时期就会像火山一样爆发，会使父母把怒火发泄在孩子身上，结果只会加深孩子的对抗情绪，把事情弄得更糟。

3.避免专制地解决矛盾

有些父母经常大声斥责孩子，甚至使用羞辱和恐吓的方式，尽管大多数父母并不认同这样的做法，但他们就是控制不住自己的情绪。在这样的家庭教育下成长起来的孩子，长大后会出现两个极端：要么成为一个专横跋扈的人，要么成为一个恐惧矛盾的胆小鬼。当父母愤怒地责骂孩子时，可以想一想自己愤怒背后的愿意。假如孩子在自己情绪不佳时顶撞自己，不妨暂时离开一会，等自己的心情平静了再回来继续讨论，这样会收到良好的效果。

父母可以用简单的话语表达自己的要求，毕竟长篇大论的谈话会慢慢演变成批评和指责，会让孩子生厌。父母可以简单地说：“是做作业的时候了”“你该整理一下床了”，或者干脆不说话，只是在孩子看得到的地方贴上字条就行了，这样的方式会让孩子感到自己受到尊重，心里也比较容易接受父母的要求。

4.与孩子商量

当父母和孩子的意见出现冲突的时候，采用和孩子商量的方式更容易被孩子接受，孩子会从中学会怎么样客观地看问题。比如，“你可以帮我把东西拿回来吗？”“你可以再仔细考虑一下吗？”商量型的家庭教育是双方都要做出合理的让步，采取折衷的方法，不过需要掌握好退让的原则，切不可放弃父母的权力。父母可以把不可商量的事情列出来，比如“尊重个人隐私”“先写作业，后玩”“10点以前睡觉”“每个月的零花钱定额，不能超支”等，让孩子预先知道这些原则，当你和孩子商量时就有据可循，掌握主动权了。

5.引导孩子怎么做

引导法的家庭教育是解决父母和孩子之间矛盾的最好的方法，可以平静、明确地指出孩子行为的后果。父母可以说“你要怎样做，才能干什么”“如果你不这样做，我就会那样做”，这样的话听起来合情合理，不带任何恐吓成分，让孩子明白要对自己的行为负责。

要成为引导型的父母，你对孩子的要求越具体越好，比如“在周末收拾好你的房间后才能出去玩”，父母的要求越具体，孩子就越愿意按你的要求去做。假如孩子还是不听话，那父母就要把自己的话付诸于行动，让他明白父母是说话算数的，父母的威信自然也就树立起来了。

第 08 章

信任与成长，蹲下来陪伴孩子

给予孩子信任，陪伴孩子一起成长。现代社会，越来越多的父母在关注孩子优生优育，也越来越注重陪伴在孩子成长过程中的重要性。但是，不少父母却忽略了陪伴的重要本质，那就是陪伴式成长，和孩子一起成长成为更好的自己。

善于发现孩子身上的闪光点

父母经常犯的错误是好高骛远，一方面认为自己的孩子是最好的，一方面因为孩子达不到自己设定的标准而感到失望，他们总希望孩子表现优秀，有最好的前途，所以比较难以容忍孩子在某些方面、尤其是学习上不及同龄的人，认为这是孩子的失败。父母经常犯的错误，就是拿优秀的孩子与自己的孩子比较：大家都一起学习，别人能学好，为什么你学不好？那肯定是孩子不肯用功，实际上，对于那些学习基础比较薄弱的孩子而言，比较学习这种错误做法正是父母需要避免的，因为这样的错误对孩子自信心的打击最大，而且对于提高孩子的成绩是毫无作用的。

毫无疑问，做父母的，没有谁不爱自己的孩子，常常拿别人家的孩子与自己的孩子相比，也是出于善心，希望孩子能以他人为榜样，学习别人的优点，为父母争气。不过，父母有时候就是善心做坏事，假如爱孩子，就不要拿自己的孩子与他人做比较，拿自己的孩子与别人的孩子相比，希望自己的孩子能像大人物小时候那样聪明，用心是很好的，不过往往因为对孩子有太高的要求，而达不到教育的效果，甚至会引起反作用。

威廉和斯蒂芬是表兄弟，两人常常一起玩，学校一放假了，斯蒂芬就会到姨妈家里玩。这天姨妈和斯蒂芬聊起了考试成绩，斯蒂芬自豪地告诉

姨妈，自己的各科成绩都是A，姨妈夸奖说："你真是好孩子，学习总是那么好，咦，我还没有看见威廉的成绩单，威廉，你来一下。"其实，威廉早已经在楼梯上听到了妈妈和表哥的谈话，听到妈妈在叫他，不情愿地走过来，妈妈问："威廉，这次考试考得怎么样？成绩单在哪里？"威廉回答说："在房间里。"

看着威廉无精打采的样子，妈妈有些生气了，问："是不是又得了坏成绩？去把成绩单拿来，我要看一看。"成绩单拿来了，没有一科是A，妈妈忍不住大声呵斥："你的成绩为什么总那么糟？斯蒂芬总是得到好成绩，你为什么不能像他一样，你的学习环境哪一点不比他差？你就是太懒，总是注意力不集中，不专心听讲，回房间里去好好想一想，再来跟我谈，我不想看你那个样子。"尽管已经不是第一次在斯蒂芬面前受训了，但威廉还是感觉自己下不了台，只好含着眼泪回到了房间。

父母常常拿自己的孩子与别人做比较，对孩子造成的影响是很严重的，那些被父母常做比较的孩子，通常会有一些负面情绪，诸如不开心、没有安全感、愤怒和嫉妒等，也就是情绪受到困扰。那些被父母作比较的孩子觉得自己得不到父母的注意，因为父母似乎喜欢别的孩子多一些，因此孩子会做一些吸引父母的行为，不过做得行为通常都是父母不喜欢见到的，这就是一种恶性循环。

小贴士

1.发现孩子的"闪光点"

每个孩子都是独一无二的，在他们身上肯定有一些与众不同的地方。对此，父母需要有一双善于发现的眼睛，发现孩子的"闪光点"并及时肯定和强化，让孩子的优点在父母的欣赏和赞美声中发扬光大。

2.打破“理想孩子”的想法

就好像我们每个人都有一个“理想的自己”一样，基本上所有的父母心中都有一个“理想的孩子”的形象，不过，在平时生活中，你的孩子可能并不是父母理想中的样子。因此，真正的赏识教育需要父母不要用头脑中“理想孩子”作为尺子去衡量孩子，而是应该尊重孩子，从实际出发，尊重孩子的个性。

3.赏识孩子的努力

每个孩子的智力水平相差并不会太大，只不过有的孩子在其中某方面比较擅长一些，有的孩子在另外一方面更擅长一些，而那些先天的因素并不是孩子自己可以把握的。而且，一个孩子最终是否发展得好，关键在于孩子的努力，因此，父母需要赏识孩子的努力和进步，而不是聪明才智。

4.及时赏识孩子的进步

当孩子做得好的时候，父母不要泛泛夸奖，最好是能够发现孩子这一次比上一次好在哪里，这样才能激发出孩子的动力和热情，争取下一次做得更好。而且，赏识孩子要趁热打铁，及时鼓励，以免孩子因没有得到及时的鼓励而感到失望，这样就会削弱赏识教育的效果。

5.巧借他人之口赏识孩子

别人的评价是孩子确立自信的一个外在标准，有时候孩子希望得到父母之外的人的赏识。因此，在对孩子的教育过程中，父母可以巧借别人之口夸奖孩子，确立孩子的自我意向，比如，父母可以说：王叔叔觉得你很有礼貌。

6.从孩子犯错中发现其优点

孩子犯错是免不了的，他们总是在不断地犯错、纠错的过程中长大的。因此，关键问题不在于孩子是否犯错，而在于孩子采取什么样的态度

让孩子意识到自己的错误并加以改正。父母要善于在孩子的错误中发现其优点，用赏识的眼光去看待孩子的错误，这比严厉的批评更有作用。比如，当孩子犯错之后勇于承担责任的时候，父母要记得称赞孩子。

给孩子自由的成长环境

父母要想使孩子长得更快，更大，就一定要给它活动得自由，而不要让它们拘泥于一个小小的鱼缸。当孩子在小学阶段，往往需要依赖父母，以父母为榜样。一旦孩子进入初中阶段之后，孩子最突出的特点是，生理迅速发展，产生“我是成年人”的感觉。在心理上，由于自我意识的快速发展，让孩子进入“心理断乳期”，在心理上要求摆脱父母的依赖，渴望独立，要求父母将自己看做“成年人”，自己的意志和人格得到尊重。这一阶段的孩子讨厌父母过分的关心、监护、说教，容易产生逆反心理。

一位家长曾经这样诉苦：我的女儿今年14岁了，在初中二年级读书，在小学时是非常听话的孩子，上初中后完全变了，无论做何事都要自己拿主意，让她好好学习，她偏看言情小说或打电子游戏机，有时我们说多了，她就发脾气，甚至想离家出走，还口口声声说：我长大了，我的事，我自己处理。我感到困惑，孩子为什么变得与以前不一样了，这正常吗？

孩子步入“心理断乳期”，开始对家庭、对学校甚至对社会产生了巨大的叛逆心理。青春期的孩子从表面上看，尽管已经是一个“小大人”，不过由于他们的心理和生理并不是真正地达到了成熟的状态。因此，处于这个阶段的孩子情感起伏十分大、不容易驾驭。即便他们有了喜怒哀乐，不仅不愿意向父母吐露，而且还会抱怨父母不理解自己。假如父母处事不妥当，比如对孩子的表现打破沙锅问到底，妄加指责或是漠不关心都会增加孩子的反抗情绪。青春期的这一阶段，是孩子的“心理断乳期”。

孩子渴望被成人的世界认同，他渴望通过叛逆的行为来向世界表示自己已经长大了。不过，叛逆也正暴露了他的幼稚和不成熟，就好像是一个标签在告诉别人，他在长大中、在躁动中寻找一种叫独立的东西。这时父母要耐心等孩子长大，给予他理解，小心呵护他。

小贴士

1.迎接孩子进入“心理断乳期”

心理断乳期的真正意义是摆脱对父母的孩子式依恋，走上精神的成熟与独立。所以，父母应把爱孩子的重点放在帮助他们完成从孩子到成人的转变上。父母对孩子心理断乳期倾向应持欢迎态度，这意味着孩子的第二次诞生。

2.鼓励孩子自主独立

父母要把孩子的某种离心倾向理解为他的精神在朝着独立自主方向成长。在心理断乳期，孩子对同龄的朋友的兴趣越来越浓，而对父母的依赖则不断减少。或许父母会觉得孩子变心了，实际上交朋友是孩子在精神上独立于父母过程中的一种补偿。假如孩子有适当的朋友，就不至于由于心理断乳而过度失落。

3.引导孩子走出叛逆的消极面

父母应根据孩子的心理特点，从行为和心理上进行引导，教育的方式要多样化。采用平等对话的方式，让孩子把心里话说出来，然后父母把自己的观点、经历讲给他听，让孩子自己进行比较，父母不要采取简单粗暴的方式，要因势利导。

4.信任孩子

父母首先要尊重孩子的人格，孩子觉得自己已经长大了，有能力处理自己的事情。这时可以充分利用孩子的这个想法，把家里的一些事情和孩子一起商量处理，听取、征求孩子的意见，对孩子生活、学习中出现的问题，尽量让他自己去解决。不过，父母也可以提出自己的意见，告诫孩子。当孩子遇到困难和失败时，应多鼓励和安慰，及时给予赞扬。而父母犯了错误，也要勇敢承认，尽可能改正。

5.尽量避免与孩子发生冲突

当孩子发脾气时，父母应保持冷静，争论激烈时，父母应转移话题或采取冷处理方式，避免孩子萌发对立情绪，使逆反心理更强烈。事后在合适的时候，父母可以心平气和地指出孩子的错误和不当之处，使孩子积极克服幼稚、喜欢冲动的坏习惯。

6.鼓励孩子参加集体活动

广泛结交朋友，在集体活动中，丰富、充实自己的精神生活，发展“自我”意识，正确、客观地评价自己，以培养孩子活泼开朗的性格、真诚待人的品德，顺利度过孩子心理发展的这一重要时期。

7.尊重孩子的权利

父母要转变观念，尊重孩子的权利，承认他是一个独立成员，平等相待，对孩子评价要做到恰如其分，不要将孩子与其他孩子相比。在与孩子相处时，要与孩子建立起朋友式的友谊关系，尊重他的自主权与隐私权，尊重、理解、爱护她，多指导少指责，多帮助少干涉。

培养孩子良好的行为习惯

不少教育专家指出："好习惯决定孩子的好命运。"一个人的习惯的力量是巨大的，一旦他养成了一个习惯，就不知不觉地在这个轨道上运行。如果是一个好习惯，孩子将会终生受益，童年则是培养孩子习惯的最佳时期。

一位诺贝尔奖的获得者，在被记者问及成功经验从何而来时，他说："我的成功不是在哪所大学、实验室里得来的，而是从幼儿园里学来的。在幼儿园里，我认识了我的国家、民族，学会了怎样与人交流、相处，如何分享快乐，知道了饭前便后要洗手，玩完玩具要收好，对待别人要有礼貌、学会谦让、善于观察等"。由此可见，好习惯所带来的巨大受益，小时候养成的良好习惯对其一生都有决定性的意义。

虽然，孩子也有着很多好的习惯。可是，妈妈还是发现了孩子身上还有许多不良的习惯，特别是吃饭的时候，一眼就可以看出来。孩子不仅有严重的偏食现象，而且吃饭时满桌满地都是饭粒，这让妈妈很不满意。刚开始的时候，妈妈在吃饭之前就提醒他要保持桌面干净，告诉孩子不要把垃圾放在桌面上，要放在餐盘空的地方，也警告孩子："不能只吃自己喜欢的，要每一种菜都要尝尝，否则妈妈下次就专门做一些你不喜欢吃的菜。"可是，孩子还是改不过来，对妈妈说："大不了我不吃饭总可以吧。"那饭桌上依然一片狼藉，惨不忍睹。妈妈对此很苦恼。

叶圣陶先生曾经说过："什么是教育？简单一句话，就是养成习惯。好的习惯一旦养成，不但学习效率会提高而且会使他们终身收益。"父母千万不要小看了"习惯"，一旦养成改起来很难，好习惯是这样，坏习惯也是如此，孩子的习惯一旦形成，就会直接影响孩子的行为方式。俗话说：“三岁看大。”这就强调了习惯的重要性。所以，培养孩子良好的习惯就要从孩子日常生活的细微处着手，也就是那些往往被父母忽视的小事，比如不爱干净、不尊重人、办事拖拉、不认真、不上进等等。

小贴士

1.培养孩子良好的习惯

俗话说：“习惯成自然。”习惯一旦形成之后，就具有一定的稳定性，这就需要父母与孩子的努力。而那些不良习惯的改正则需要花更多的时间和精力，与其花费大量的时间来纠正孩子不良的习惯，不如一开始就让孩子养成良好的习惯。当然，好习惯不是一朝一夕就能养成的，必须经过长时间的训练才能够逐步养成。所以，父母对孩子的要求要有一定的持续性，不能三天打鱼两天晒网。另外，父母在培养孩子良好的习惯时，还需要连贯性，比如孩子的爷爷奶奶、外公外婆会比较宠爱孩子，助长孩子的不良习惯，父母对孩子要求则比较严格些，这时候，就需要稳定地坚持一种教育方式。

2.帮助孩子纠正不良习惯

虽然，父母十分注意孩子的生活习惯和学习习惯，但孩子还是免不了会有一些坏习惯。这时候，就需要父母帮助孩子纠正不良的习惯，教育孩子是一门科学，这就必须讲究方法，纠正孩子不良的习惯也是同样的道理。父母要以鼓励提醒为主，切忌打骂斥责，进行正面引导，动之以情，晓之以理，循循善诱，在孩子改掉不良习惯的同时，也要把好的习惯渗透到孩子心里，让孩子养成良好的生活习惯和学习习惯。

3.父母的表率作用很重要

培养孩子良好的习惯，父母就要从自身做起，如果父母本身就没有好习惯，比如不爱干净、花钱大手大脚、喜欢说脏话、做事不认真，这时候孩子看在眼里，记在心里。时间长了，耳濡目染，就逐渐把父母身上的不良习惯集于自己身上。所以，要想孩子养成好习惯，父母就必须做出榜样和表率，那些有着不良习惯的父母也需要努力纠正，不断地完善自己，这既是教育孩子的需要，也是自己成功人生的需要。

让孩子学会爱别人

心理学家认为，应该让孩子树立这样一个观念，即理解他人、想及他人、关心他人。告诉孩子当你给予他人关心的时候，温暖了对方，同时也将会温暖你自己。因为被人关心是一种美好的享受，而关心他人也是一种高尚美好的品德。人的本质就是爱的相互存在，我们的生活是与他人的相互交往而构成的。

告诉孩子：学会关心他人，就是要求我们善于理解他人，需要随时准备去支持他人，并从行动上去关心他人。得到他人的关心是一种幸福，关心他人更是一种幸福，正如歌谣中所唱“只要人人都献出一点爱，世界将变成美好的人间”。

孩子已经7岁了，她有个很大的毛病，就是总以自我为中心，不会关心别人。平时家里奶奶生病时让她做点事情，她就会很不高兴，更别说平时了。有时候爸爸因工作忙累了，对孩子说：“宝贝，我觉得好累！”这时孩子也会冷淡地说一句：“那是你自己的事情，关我什么事！”有时候看到孩子这样，真的很伤心。

在学校里也不会关心同学、老师，甚至在公共汽车上给老人让个座都

不愿意。在我们家里，每个人平时都有关心别人，在公司也会热心助人，可为什么我们的孩子却这样自私呢？难道是我们平时关心不够吗？我们教育方法不对吗？

父母是孩子接触最早、最多的亲人，父母在生活中不仅要对孩子进行关心品质的教育，还需要做好榜样的作用。让孩子们互相学习、互相促进。

主动帮助别人是一个高素质人必备的重要品质，人的本质就是爱的互相存在，每个人的生活都是与他人的相互交往所构成的。主动帮助别人，就是要求我们善于理解别人的处境、别人的情感和需要，并且随时准备去帮助别人，从行动上去关心别人，与他人建立和谐友好的人际关系。

培养孩子从小就学会主动帮助别人的良好习惯，这对孩子未来具有高尚的品质，以及健全人格有着极其重大的影响。被誉为最聪明的犹太人，他们就非常崇尚帮助别人的美德，而那些犹太人小孩也从小就被灌输主动帮助别人的思想。

小贴士

1.让孩子成为家里的“小帮手”

父母有必要让孩子干家务。一位妈妈的手受伤了，无法干家务活，而且爸爸又外出了，这时候，孩子按着妈妈的吩咐自己做了稀饭，并且在饭后主动刷碗，受到了妈妈的称赞。其实，在家里一些简单的家务活是难不倒孩子的，但父母不要强行要求孩子去做，而是循循善诱，激发孩子的同情心，让孩子主动帮忙，成为家里的“小帮手”，再给予孩子赞赏，这样孩子会认识到帮助别人，自己也体会到了快乐。

2.营造温馨的家庭环境

如果孩子长期生活在一个温馨的家庭里，他总是喜欢乐于助人，更愿意为他人着想，也更容易同情别人。因而，父母要为孩子积极营造温馨的家庭环境，经常鼓励孩子主动帮助别人，在这样的心情状态下，孩子是很容易主动去帮助别人的，因为他的心里充满了爱。

3.父母以身作则

要想教会孩子主动去帮助别人，最关键的是父母要以身作则，为孩子做好榜样。在孩子面前，父母要尽可能地表现得体贴大度，时常主动帮助别人，示范给孩子看，把这样的观念渗透在言行中。如果父母只是教育孩子帮助别人，自己却言行不一致，那么孩子就会模仿你的行为，言教也就失去了效果。

4.鼓励孩子去完成一些任务

父母可以多让孩子参加公益活动，比如植树、除草，同时，鼓励孩子主动帮助邻居取牛奶、拿报纸，让孩子在事情本身中感受乐趣。父母还可以鼓励孩子去做一些有益的事情，比如照顾小妹妹，或者帮助小弟弟制作玩具，这可以培养孩子主动帮助他人的品质。当然，有时候孩子并不是自发地去做这些事情，这时候父母就需要去鼓励他们，甚至有时候需要温和地强制他们，不断地鼓励孩子去完成一些任务。

让责任感在孩子心中扎根

孩子似乎总不愿意融合到人群中，在他们眼里总认为自己是对的，别人是错的。假如自己做错了，他们还会把责任推卸到其他人身上，这就是拒绝“融合”效应。然而，不懂得负责，不懂得责任重要性的孩子永远也长不大。而那些凡事能够作出一番成就的人，都是懂得为自己的过失买单并且敢于承担责任的人。

所以，父母应该努力把孩子培养成一个负责任的人。当孩子们能够主动、自觉地尽职尽责，就可以获得满意的情感体验；相反，当孩子没有责任心，不能尽责的时候，就会产生负疚和不安的情绪。

一位妈妈这样诉苦道：

暑假的时候，家里为孩子报了一个百科知识讲座，有时候父母忙，就建议孩子自己去。但是，孩子从来没单独去过一次，每次我们问起来，孩子总是面不改色心不跳地说：“老师不让我学。”

有一次，孩子和小表妹一起打扫卫生，由于孩子扫地速度快，小表妹速度较慢。孩子又要打扫客厅的最前面，让站在前面的小表妹让路，小表妹让路的速度慢了一些，孩子就直接用扫帚将其推开，小表妹来向我告状。我找到孩子，问他事情的经过及原因，他说完后，让我大吃一惊，从孩子口中说出的一大段推卸责任的话竟没有一句是承认自己错的，统统将错的原因推到了表妹身上。“她自己速度太慢了”，我紧接着问：“难道你就没有做错吗？”看着孩子有些迷茫的眼神，我心里真的很失望：孩子怎么了？他们的责任心都到哪里去了？

心理学家认为，责任心是健全人格的基础，是未来能力发展的催化剂，更是孩子们成长所必需的一种营养，它能够帮助孩子成长和独立。懂得自己的责任，学会负责，孩子才有了前进的动力；只有认识到自己的责任，孩子才知道自己应该做什么以及怎么去做。

小贴士

1.让孩子学会对自己负责

一个人只有懂得尊重自己的感情，尊重自己的理想，珍惜自己的年华和生命的活力，才能从自己的理想出发来安排现实生活。责任心的培养是一个人成熟的标志，父母应该让孩子明白，无论孩子做什么事情，都是为他们自己，如果他们什么也没有做好，没有得到大家对自己的认可，那么，他们就是对自己不负责任，最终，影响的还是他们自己。

比如，孩子的大部分责任是学习，假如学习不够认真，那就是对自己不负责任。此外，父母需要告诉孩子，对自己负责还包括对自己的事情负责，凡事能够自己做的都自己去做，包括穿衣、洗脸等等，只有孩子从小养成对自己事情负责的良好习惯，才有可能慢慢学会对父母、朋友、老师等有关的人和事负责。

2.引导孩子学会善待他人

关心他人，善待他人，这是培养孩子对家庭和社会的责任心的基础。在日常生活中，引导孩子关心老人、病人和比自己小的孩子；当爷爷奶奶生病的时候，引导学会照顾他们；知道朋友的生日，并在生日那天给朋友送上一份生日礼物。

3.让孩子学会反省

心理学家认为，孩子需要适时反省。当孩子们在分析问题的时候，只会考虑到别人的过错，总是为自己找借口，这有可能会导致他们缺乏责任心。遇到了困难不能解决，就把责任推到父母头上去；学习成绩不好，就把责任推到老师头上去。这些都是不良的行为习惯，父母需要告诉孩子：任何一件事情，我们首先应该反省的是自己，分析自己过失、对错，明白

自己在这件事中应该负什么样的责任。

让孩子学会自控

随着社会的不断进步，人们的经济生活也日益发展，继而提高了消费意识。在这其中，孩子成为了社会消费的主力军，他们的消费水平在不断地上涨，没有限制地攀比浪费现象层出不穷。

现在，大多数孩子都是独生子女，被父母视为“掌上明珠”“小皇帝”，父母的过分宠爱对孩子的身心发展会形成一种消极影响。尤其是助长了孩子浪费的不良习惯，使孩子勤俭节约的意识薄弱，许多孩子都存在着不珍惜劳动成果、不爱护公物、铺张浪费等不良习惯，为此必须引起每一位父母的重视。

乐乐妈妈是银行职员，爸爸是公务员，生活在这样一个家庭里，可谓是衣食无忧。当然，爸爸妈妈希望把最好的东西给乐乐，所以每次给孩子买东西从来都是眉头不皱。乐乐一两岁就自己选鞋子，一双小鞋子几百块，妈妈也是当场买下来给孩子换上。爸爸更是宠爱，每次出差不是带品牌服饰，就是捎回最新玩具。

在这样家庭里成长的乐乐，娇生惯养，稍有不顺她的意就发脾气。衣服必须穿名牌，不是牌子的衣服统统扔了；吃的也是最好的，平常的食物根本不会吃；每年都要求出去旅游，如果父母不去，她就选择绝食。

爸爸妈妈希望能够给乐乐提供一个物质丰富的快乐童年，尽管有点心痛，不过只要买得起，还是忍不住给孩子不断购买新的高档玩具。

爱默生曾经说：“节俭是你一生中食用不完的美丽宴席。”但在我们身边，有着太多这样的声音“这个玩具太旧了，扔了！”“我要买汽车、遥控飞机，我要买很多很多玩具”“我觉得衣服太少了，我要买很多很多新衣服”。孩子虽然还很小，但花钱如流水的习惯已经养成了，其实，作为父母，应该明白即使生活富裕了也不能丢了“勤俭节约”这个传家宝。

小贴士

那么，如何培养孩子勤俭节约的习惯呢?

1.培养孩子勤俭节约的意识

父母可以通过讲一些故事教育和引导孩子从小就要勤俭节约，不贪图享乐，不爱慕虚荣。在家里经济条件许可的情况下，吃好一点穿好一点是可以的，生活和学习的环境舒适一点也是可以的，但不能让孩子忘记了勤俭节约。父母要教会孩子量入为出，给孩子讲勤俭持家的道理，使孩子懂得一粒米、一滴水都是辛勤劳动而来的；衣食住行也是父母花力气挣来的，培养孩子勤俭节约的意识，这也是塑造良好品德的开端。

2.父母要做好榜样

要想孩子养成勤俭节约的习惯，父母自身就要勤俭节约，如果做父母的花钱也是大手大脚，那孩子爱浪费就不足为怪了。喜欢模仿是孩子的特点，孩子的许多行为都是从模仿开始的。父母是孩子的第一位老师，你的一言一行，一举一动都对孩子性格、品德的发展形成潜移默化的作用。父母在平时的生活中要勤俭节约，为孩子做好榜样，比如，随手关灯，不浪费自来水，爱惜粮食等等，以自己良好的行为举止作为表率，去感染孩子，使孩子真正地养成勤俭节约的良好行为习惯。

3.让孩子体验劳动

父母可以引导孩子进行一些力所能及的劳动，通过劳动来收获来之不

易的果实。比如在农忙的时候，父母可以带着孩子一起去拾稻穗，使他们理解什么是“谁知盘中餐，粒粒皆辛苦。”继而培养孩子热情劳动、勤俭节约的习惯。另外，父母可以让孩子搜集家里的旧物品，卖掉的钱可以存起来，然后捐助给那些贫穷的孩子。那些使用过的东西可以重复使用，比如用易拉罐做一个花篮，这样既让孩子体验了劳动，也可以培养孩子勤俭节约的习惯。

4.引导孩子合理利用金钱

父母一般都会有给孩子零花钱的习惯，但这时候，给孩子零花钱要有计划，适当地限制数额，不要有求必应，应该依据孩子的大小、实际用途和支配能力来给予。另外，引导孩子学会记账，设计一本“零花钱记录本”将自己的零花钱的去处进行记录，父母还可以与孩子一起讨论，哪些钱是该花的，哪些钱是没有必要花的，让孩子们明白钱要花在刀刃上。

让孩子学会笑迎生活

如果一个人遭受挫折不及时排解，而是任挫折像红桃K一样在大脑中繁殖，让自己的心里充满挫折与失败的阴影，这就是斯万高利效应。一位教育专家曾说：“培养笑容就是培养心灵。把孩子培养成面带笑容的孩子，就是把孩子培养成为乐观、进取的人的最重要条件之一。”

乐观的心态，自信的笑容，这对于任何一个人来说都是不可或缺的财富。父母在培养孩子的心理素质和性格的过程中，乐观心态的培养是一个必不可少的基本成分。孩子乐观开朗的性格并不是天生的，所以，父母的教育和培养对孩子养成乐观的性格是十分重要的。孩子的乐观心态首先源于父母，源于家庭，所以，培养孩子乐观的心态，首先就要从父母自身做起。

这些天一直下雨，萌萌几乎一个星期没有外出活动了，萌萌开始对妈妈抱怨：“春天来了怎么还这么冷啊？这雨老是下，下得我心里好烦。”说完，烦闷地扔了正在玩的小汽车，听了萌萌的话，妈妈很没好气地说：“你一个小孩子，烦什么？有什么可烦的。”萌萌一脸幽怨：“哎呀，你不懂的啦！”

每天早上，妈妈骑自行车去送萌萌上学都要经过一个十字路口，可是，每次经过那里的时候几乎都是红灯。时间长了，萌萌就开始抱怨：“妈妈，我们每次都这么倒霉，没有哪一次遇到绿灯。”妈妈叹了口气，心想：这孩子怎么看什么事情都不顺眼呢？

其实，影响孩子情绪的都是一些日常生活中的小事情，如果父母能够引导孩子换一个角度去看待它，也许就没有那么悲观了，孩子也会以乐观的心态来面对生活。对于正在成长中的孩子来说，乐观具有深远的意义，它会渗透到孩子的一生，影响孩子一生的幸福。乐观的心态可以诱发孩子采取行动的强烈动机，也可以给孩子提供充满勇气、战胜困难的力量。在家庭教育中，父母就是要赐给孩子希望和乐观的心态，让孩子能够带着积极乐观的心态走向前方。

著名教育学家塞利格曼曾说：“父母教育孩子的方式正确与否，显著地影响着孩子日后性格是乐观还是悲观。”所以，作为父母，一定要传达给孩子积极乐观的情绪，让孩子在乐观中找到生活的自信，让孩子以乐观的心态去看待身边的每一个问题。

小贴士

1.营造快乐自信的家庭氛围

一个自信乐观的家庭，总是能够培养出言行乐观的孩子，因为父母总是能够为孩子营造出积极乐观的氛围。也许，有的孩子天生就比较乐观，但有的孩子则相反，但一些心理学家认为乐观的心态是可以培养的，即便孩子天生不具备乐观的心态，也可以通过后天来培养。因此，培养孩子乐观的心态，就需要父母为孩子营造出快乐自信的家庭氛围，让孩子快乐地学习生活，教会孩子正确面对批评和挫折，帮助孩子克服悲观情绪，多给孩子鼓励与赞赏，多给孩子温暖与笑容，这样孩子就会逐渐形成开朗的性格。

2.父母要崇尚乐观主义

孩子的模仿能力极强，他可以把父母的优点和缺点一起吸收。如果父母是悲观主义者，孩子就会受影响以悲观态度来看待问题；如果父母要希望孩子以乐观的态度来看待问题，就要改变自己的思想和行为习惯。父母不仅要在孩子面前表现出乐观的心态，更重要的是真正拥有乐观的心态。

3.让孩子以乐观的态度看问题，培养孩子多方面的兴趣爱好

一个孩子的成长健康与否，与他的心态有很大的关系，孩子良好的心态会给他带来健康的身体、健全的人格。如果父母能够有意识地培养孩子广泛的兴趣和爱好，就可以让他对生活充满了向往。父母要鼓励孩子去做有兴趣的事情，对于他不感兴趣的事情，父母不要勉强他，尽可能地让他自由发展。让孩子参加集体活动，让孩子感受来自同伴的积极压力，将孩子锻炼与兴趣结合起来。孩子拥有越来越多的成就感，极大地增强了自信心，逐渐就会形成乐观的心态。

4.换一种角度向孩子解释事情的真相

有时候，当事实无法改变的时候，父母可以给孩子不一样的说法。当父母对孩子说："现在爸爸要起草一份材料，爸爸的工作很忙。"这样会让孩子觉得爸爸很能干，工作也很重要，如果父母对孩子说："真可恶，爸爸还得起草一份该死的材料。"孩子会觉得爸爸是不情愿写材料的但却又不得不写，这就会留给孩子一种阴影。

5.不要在孩子面前表现难过的情绪

父母不要因为孩子的一时挫折就表现出难过的情绪，比如孩子成绩下降了，父母若是表现得过分紧张和难过，就会影响到孩子的情绪，也增加了孩子的心理压力。所以，不要在孩子面前表露出难过的情绪，也不要对孩子的受挫进行处罚、挖苦以及责骂，父母不妨以幽默的方式，尽可能地把自己的乐观情绪表达给孩子。

第 09 章

环境与影响，家庭是第一课堂

孩子从一出生开始便接受父母的抚养和教育，家庭环境的好坏在无时无刻地影响孩子的身心。一个家庭的生活、父母的素质、教育方式及家庭成员之间的关系等在培养孩子情操、品德、性格方面起着关键的作用。

父母要统一教育思想和方法

父母对孩子的教育思想不统一，这对孩子的心理发展是极为不利的。当父母双方难以达成统一的教育思想时，就会使二人的教育同时被弱化，这样会让孩子感到无所适从，也会混乱了孩子的是非判断标准。孩子小时候不知道该听谁的，长大后却可能谁的都不听了，他已经厌倦了那种不同教育思想的争执，这样的孩子做事就会患得患失，犹豫不决。

另外，还极有可能让孩子形成一些不良的行为习惯，因为有可能父母二人的教育方式都是有所欠缺的，比如溺爱与棍棒教育，这样的孩子在面对不同的教育时，他们就会沾上一些不良的行为习惯，继而影响他一生。

妈妈在学习上也很注意引导孩子，从小就教导孩子要知礼仪。在老师的建议下，孩子很小就学了《三字经》《弟子规》等传统文化，是个出了名的乖孩子。无论做事还是说话，都透露着大人的影子，在老师和同学眼里，他也绝对算是一个既聪明懂事又会学习的好孩子。

可是，爸爸却不同意妈妈的这一教育方式，他据理力争：“这样做事墨守陈规是不可取的，应该培养孩子创新的能力。”于是，爸爸鼓励孩子要多坚持自己的想法，千万不能随波逐流，要有创新精神，即使老师批评了也没有关系。爸爸和妈妈之间的教育思想产生了冲突，两个人经常争论，有时候还会发生争吵。

心理学家认为，在家庭里，教育孩子是父母的共同责任，但是，在教育孩子的问题上，父母们都存在着不同的意见，经常会出现种种矛盾，这时候还会影响父母在孩子心中的形象。父母之间如果存在着教育分歧，并常常把这样的分歧暴露在孩子面前，就很容易损伤父母的权威性，继而影响父母的教育效果。

小贴士

1.让孩子自己选择

当父母的教育思想不一致的时候，还可以听听孩子的感受，让孩子做出选择。当然，让孩子自己选择，并不是把矛盾推给孩子，而是通过孩子的选择，避免分歧的教育。另外，让孩子选择，主要是能够成功地在孩子身上所实施的，因为不管你的教育思想多么先进，它唯一的目的就是让孩子能够接受。一些教育方法在孩子身上是没有效果的，而且孩子个性特点不相同，他所接受的教育方式就有所差别。并不是说孩子的选择是正确的，而是尽可能地从孩子的角度出发，协商出适合孩子特点、利于孩子健康成长的教育方式。

2.多涉猎一些教育方面的知识

教育孩子是一门学问，对孩子的教育是父母共同的责任。而孩子身心健康的成长需要和谐的家庭教育，不能光靠父亲或母亲一方的教育，而是需要父母二人的共同教育。当父母在教育孩子的时候，态度要统一，口径要一致，互相商量，对一些不懂的地方，要善于向有关教育专家请教，或者学习一些儿童心理学、教育学和生理学方面的知识。父母在教育孩子的问题上，之所以会出现那么多的问题，重要原因之一就是缺乏科学的认识。所以，父母要想教育好孩子，就要学一些科学方面的知识，懂得科学的教育方法。

3.父母要“统一战线”

在日常生活中，父母会在孩子的教育上有意见分歧，这时候，双方都认为自己教育孩子的方法是对的，而对方那种教育方法是错误的。从这种“自以为是”的心理出发，每次在需要教育孩子的时候，常常因为看不惯对方的做法而产生争执。这样，就会让孩子在观念上产生混乱，是非价值判断混乱，不知道自己到底该怎么做。而且，父母教育思想的长期不一致，就会互相指责，继而发生争吵，这样会影响两人之间的感情，也给孩子心理带来不良的影响。所以，父母要统一教育思想，两人通过商量的方式来沟通，尽量使彼此的意见达成一致性。

4.切忌当着孩子的面为教育分歧而争吵

父母对孩子的教育意见不一致的时候，不要当着孩子的面批评另一方，这样都会让对方感觉丢面子，容易发生争吵，并且被批评的那一方在孩子心中的形象受影响而消减了教育力度。这时候，父母双方都要学会克制自己的情绪，先避开孩子，两人共同协商出一个最好的解决办法。若在教育孩子的过程中，由于父母的教育方法不当而伤害了孩子，这需要父母向孩子真诚地道歉。

暴力惩罚对孩子的伤害性

苏联教育学家苏霍姆林斯基曾经这样说过：“不用理智、温柔的良言善语，用皮带抽和打耳光，如同对雕塑对象不用雕刻家的精巧雕刀，而动

用了生锈的斧头。”父母对孩子的教育过程中，有无数的夸奖，就有必要的惩罚，但是，对孩子的惩罚必须是建立在爱的基础之上，而不是动用盲目的惩罚方式。

在孩子的成长过程中，会有错误伴随着他每一个脚印，这是无可避免的。这时候，为了帮助孩子认识到自己的错误，若父母能够正确地运用惩罚，不仅能促进孩子的身心健康，还能够培养出孩子良好的学习习惯和生活习惯。这样，孩子会明白父母的惩罚是因为爱，也能够理解或者认可这样的方式，他也会改正错误，变得越来越乖巧与懂事。

然而，在中国的传统观念里，孩子是父母的财富，更是父母的私有产品，大多数父母认为打骂孩子这是天经地义的事情。孩子有时候会不听话、贪玩、说错话、做错事或者学习成绩不好，父母就对孩子进行打骂、体罚，而且，在父母思想里盛行着“棍棒之下出好人”等错误观念。

在这样的传统观念之下，父母面对孩子的错误进行一系列的体罚，事后他们还能够找理由说服孩子：“打你是因为爱你。”其实，对于聪明活泼的孩子来说，体罚带来的危害与影响却是异常严重的。每一年都有因体罚事件而酿成的生命惨剧，这值得每一位父母深思。

回家路上，爸爸收到了一条老师发来的短信：这次考试的试卷已经发下来了，希望各位家长引导孩子纠错。后面还附上了孩子的考试成绩，爸爸觉得很纳闷，昨天自己还问孩子最近考试没有，当时他可是一个劲儿地摇头，这是怎么回事呢？

晚上回到家，爸爸问了一句：“宝贝，不是到期中了吗？学校考试没有呢？”“没有，老师说取消期中考试了。”孩子低着头，听了这话，爸爸有点生气了，明明给了你承认错误的机会，谁想这孩子还是不肯承认。“那怎么你们老师发了成绩的信息呢？”爸爸厉声问道，孩子惊讶地抬头，知道事情败露了，他更不知道说什么好了。“去把试卷拿给爸爸看看，快去。”爸爸生气地吩咐，孩子拿来了卷子，爸爸看着那试卷上的分数，赫然发现本来英语78的分数变成了88，爸爸拿出自己的手机翻看了一下，确认本来成绩就是78。

爸爸瞪着孩子，知道他偷偷修改了分数，爸爸顺手拾起手边的衣架就开始打孩子，一边打一边骂：“狗崽子，让你成绩不好！成绩不好还知道骗人了，好的不学，偏学那不好的，我今天非打死你不可……”

体罚教育是一种无能的教育，根本无法解决问题的根源，它只会强化孩子的恶性记忆。体罚的粗暴方式也造成了父母与孩子之间的隔膜，另外，体罚还容易造成孩子孤僻的性格，极易形成自卑、胆怯等不良心理品质。

如果孩子长期处于体罚的压力中，他就会心生反抗情绪，无论父母说什么，孩子都不会顺着你的意愿去做，反而处处与父母作对，这对于教育本身来说，毫无帮助而言。

所以，父母应该摒弃体罚的观念，以爱心和耐心来引导孩子走出错误的泥潭，促进孩子身心健康发展。

小贴士

1.采用“事不过三”的惩罚原则

父母在教育孩子的延申，惩罚是必不可少的一种方式，但它和体罚却是完全不同的。如果孩子做了错误的事情，父母可以采用“事不过三”的惩罚原则。当孩子第一次犯错，父母温和地告诉他，让孩子明白自己错在哪里，所引起的严重后果是什么；第二次犯错，父母应该严厉地批评，再一次警告，耐心教导；第三次再犯错，就应该让孩子受到相应的惩罚了，并且惩罚说到做到，不让孩子存在侥幸心理。这样，让孩子知道，同一个错误不能犯两次，让孩子养成主动认错、自我反省的习惯。

2.多一点爱心，多一点耐心

孩子对这个世界充满着好奇心，因而在他们成长的路上免不了会有犯一些错误，父母要对孩子的犯错给予理解，并做好充分的心理准备。面对孩子的错误，父母要多一点爱心，多一点耐心，尊重孩子，理解孩子，赢得孩子的信任，与孩子做朋友。同时，让孩子意识到自己错误的原因与后果，给孩子一个重新改正的机会。这样，孩子一旦认识到自己的错误，他就会接受父母的批评和帮助，也会体会到父母的爱。

3.呵护孩子的自尊心

随着孩子年龄的增加，他们的一个重要的心理特征就会越来越明显，那就是他们的自尊心越来越强。而父母的体罚很容易让孩子的自尊心受到严重的打击，有的孩子在长期的体罚之下，变得越来越“皮”，这其实就是孩子自暴自弃的心理状态。因此，看着孩子一天天大了，父母需要做的是呵护孩子的自尊心，即便面对孩子的错误，也要正确引导，千万不要采取体罚的方式。

4.面对孩子的无心之过，要冷静处理

大多数时候，孩子犯错都是出于一种本能，实则是无心之过，在孩子的思想里，他不觉得自己错在哪里。这时候，父母不应该随便发火，而是明确地告诉孩子，这样做是不对的，引导孩子正确地行为，不仅让孩子受到表面的“批评”，也让孩子体会到父母内心的“爱”。时间长了，孩子就会明白在自己不知道该怎么去做的时候，最好是向父母请教，这样就减少了犯错的机会。

家庭冷暴力笼罩的阴影

许多家庭在教育孩子过程中存在着家庭冷暴力，不用棍子打，不体罚，而是采用嘲笑、讽刺、冷漠，这将直接影响孩子性格的成长。许多孩子在物质上是富裕的，而在精神上却是不快乐的。除了学习剥夺他们部分快乐时光之外，家庭冷暴力也会让孩子陷入消极情绪中。有的父母在教育孩子的过程中，不自觉地就会采取冷暴力的方式：对孩子态度冷漠，经常不搭理；有的父母对孩子期望值过高，常常把孩子说的一无是处。

家庭冷暴力是暴力的一种，它的表现形式为冷淡、轻视、放任、疏远和漠不关心，导致孩子精神上和心理上受到侵犯和伤害。在现实生活中，有些父母总是用自己的想法来要求孩子，一旦孩子达不到自己的要求，便对孩子冷眼相对，不理不睬。心理学家认为，父母的冷暴力会给孩子的成长路上蒙上一层阴影。

小东是一个非常优秀的男孩子，在家里听话，学习成绩也优异，平时还喜欢帮助别人，连续几个学期都被评为优秀学生。

有一次，班里组织了学习互助小组，小东帮助一个成绩较差的同学提高成绩，放学后，他们一起温习功课。小东那天回来很晚，爸爸以为他在外面网吧玩游戏，不由分说地批评了小东。后来，尽管知道了事情的原委，但爸爸并没有向小东道歉，反而对小东进行讽刺："你的成绩有这样好吗？等你还是拿到了第一名再去帮助其他同学吧。"

由于爸爸的这些嘲讽，小东变得郁郁寡欢，后来再也不敢帮助同学了，和同学之间的关系也疏远了很多。小东觉得爸爸一直对自己不太满意，心理压力很大，成绩也受到了影响。这下爸爸又开始嘲讽他了，结果小东和爸爸的关系也紧张了起来，亲子关系陷入了低谷。

有时候父母因为感情失和也会爆发冷战，这时孩子作为第三者往往会成为冷暴力的受害者。父母经常会对孩子说“你别来烦我”“你跟你妈妈一样，都不是省油的灯”来打发孩子，结果无意中伤害了孩子。尤其是单亲家庭，父母疏于与孩子亲情沟通，有的父母由于感情的失败自暴自弃，夜夜不归宿，即便回到家和孩子也不怎么说话，即便同一个家里，却好像陌生人一样，这样的家庭暴力是极其明显的。

心理学家认为，尽管天下无不是的父母，父母所有的决定，其出发点都是为孩子好，并不是有意伤害孩子，但最后的结果并不如父母所想。面对冷暴力，孩子未必可以理解父母的良苦用心，他们只会被这种暴力伤害得更深。

当然，杜绝冷暴力最好的方法是良好的沟通，只有亲子之间建立良好的沟通渠道，父母才能更好地引导孩子。作为父母，应该对自己提出较高的要求，有耐心，讲究教育方法，不能随意对孩子使用冷暴力。

小贴士

1.欣赏孩子的长处

孩子是父母的精神，孩子身上的问题实际上折射出家庭教育的缺失。有的孩子并不像父母所说的那样一无是处，尽管有的孩子学习成绩比较差，但他可能比较自律，可能有正义感。但正因为父母从未欣赏过孩子的优点，只是一味地给孩子提要求。实际上，指责并不能让孩子进步，父母应多些温暖的笑脸和贴心的鼓励，这才是孩子最需要的。

2.了解孩子

父母需要了解孩子，用平等的沟通代替冷暴力。平时多关注孩子的情感需求，尊重孩子的个人选择。及时鼓励孩子好的改变，对孩子的缺点和弱点，需要就事论事，多引导，多帮助。

3采用积极的沟通方式

父母需要采用积极的沟通方式，在有矛盾时做主动、坦诚的沟通，将矛盾有效化解。毕竟积极的沟通方式不但有益于感情交流，同时有利于心理健康。父母是孩子的第一倾诉对象，父母应该对孩子敞开心扉，只有对孩子敞开了自己的心扉，孩子才会对父母说出真心话，说出内心话。假如父母总是对孩子实施冷暴力，那孩子就容易患上心理疾病，比如自闭症之类的。

4.避免拿出消极情绪对待孩子

父母对孩子的期望值越来越高，当看到孩子没有按照他们设计的模式发展时，他们就会着急了。父母认为孩子应该拿出成绩了，一旦孩子的成绩没有达到自己的标准，父母就会拉下脸来。孩子在很长时间看不到父母的笑脸，会让孩子的性格发生改变。作为父母，需要好好反思，即便孩子表现不好，也不要一味地去责怪，而需要试着与孩子一起分析失败的原因。即便孩子学习成绩不好，也要鼓励大于指责，用关爱的语言感化孩子。

5.父母的期望需要契合孩子的发展水平

父母的期望要适合孩子的发展水平，不能不切实际。比如父母的期望需要全面一点，期望孩子成为一个善良、正直、善于与人相处的人。

父母吵架对孩子的伤害

家庭从来不是一个讲道理的地方，许多家庭琐事分不清是非对错，当父母各自总想据理力争的时候，就很不容易出现和睦的家庭氛围。一项数据调查显示，父母常常吵架的家庭的孩子心理问题检出率为32%，离婚家庭的为30%，而家庭和睦的为19%。其实，与离婚相比，父母吵架给予孩子的心理体验更加明显，而孩子从中受到的直接伤害将更大。

那些长时间处于不和睦家庭环境中的孩子，比如亲自看到母亲被暴力对待、父母离异或分居，孩子身心都会受到很大的伤害。而且，孩子会十分关注父母之间的情感互动，以此作为判断家庭环境是否安全的依据。

松松的父母因为相爱而结婚，却因为相处而天天吵架。有了松松之后，这样的吵架更是变得稀松平常，可以说是“三天一小吵，五天一大吵。”松松从嘤嘤学语的婴儿到中学生，家里吵架的硝烟就从来没有消散过。

松松小时候特别害怕父母吵架，他们一吵架松松就大哭，央求：“你们能不能别吵了，我听话还不行吗？”后来他意识到即便自己很听话，父母也还是吵架，慢慢地，他就变得冷漠了。甚至，当父母再一次吵架之后，松松会大声说：“你们这样吵来吵去烦不烦啊，要离婚早点去离了吧，这样的家庭真令我感到悲哀。”说完，气得摔门而去，留下错愕的父母。

父母吵架对成年人而言是再普通不过的事情，也是可以理解的，不过对孩子而言，却感觉发生大事了，因为他的安全感会受到很大的冲击。我们常常会看到有些父母当着孩子的面吵架，他们吵架的时候，孩子要么因为害怕躲起来，要么抱着妈妈哭泣，要么摔门而去，等等。

大部分父母或许不知道，吵架会对孩子带来怎样的伤害？

1.感到恐惧

父母因为一些事情吵架的时候，孩子看见最亲的两个人竟然大吵、谩骂甚至大打出手，在那瞬间肯定是感到恐惧害怕，尤其是孩子小的时候，会让其内心受到冲击，感到恐惧，从而使幼小的心灵受到伤害。

2.心里有负担

对于一些渐渐懂事的孩子而言，他们则会因为父母吵架而感到难过，胡思乱想。如果孩子偶然间得知父母吵架是为了自己，那更会感到内疚，心理负担就会加重，从而导致注意力不集中、无精打采、郁郁寡欢。

3.安全感缺失

假如父母常常吵架，那么会导致孩子内心的安全感缺失。父母吵架的时候，孩子就会乱想：他们会不会离婚？他们是不是都不要自己了？会不会不再像以前爱自己了？长时间这样，孩子心中的安全感就会渐渐缺失。

4.不信任他人

在孩子看来，原本恩爱和谐的父母因为一些小事情或小误会吵架，从小让孩子从中懂得：就算再亲再爱的人也不会永远爱，不能永远依靠，没有谁值得信任。那么，在孩子以后的人生道路中，可能就会不信任他人。

5.感到自卑

孩子看到别人家的父母和和睦睦，自己家的父母却总是在吵架，他们便会心生自卑：为什么我生活在这样的家庭里？为什么我这么累？为什么我这么差劲？尤其是当其他孩子嘲笑自己的时候，他就会感到自卑，不敢与其他小伙伴玩耍。

6.脾气坏

父母是孩子最好的老师，孩子天生模仿能力就很强，受父母耳濡目染影响，孩子很可能会受到一些坏习惯的影响。比如父母吵架喜欢说脏话，孩子也学会了说脏话。父母吵架，肯定会在性格上影响了孩子，很有可能让孩子养成坏脾气。

7.错误的认知

平时的生活中，父母遇到问题没有好好商量，而是选择吵架。那孩子会理所当然地认为，吵架就是解决问题的办法，对于以后若是遇见问题，也不会理智地思考，而是采用吵架打架的方式，严重的话还会采用十分极

端的方式来解决问题。

8.不擅长交际

亲眼目睹父母常常吵架，孩子会变得不容易相信别人、缺乏安全感、脾气变差等等，那么在与别人交往时就会出现很多问题。假如他没有受到别人的喜欢，可能他就会更加孤立自己，人际交往能力也会越来越差。

美国一项历时17年的心理研究发现：夫妻闹矛盾时，吵架可能更有益身心健康，压抑愤怒的夫妻日后的死亡率是表达愤怒的夫妇的5倍。吵架是夫妻表达内心的感受和需求，也是对自己和对方的内心的探索，而吵架是一种艺术，夫妻双方都需要掌握吵架的目的和表达的规律。

父母之间的争执是无法避免的，但是需要尽可能地不去给孩子造成伤害，所以应该需要掌握吵架的艺术。

小贴士

1.吵架时尽可能避开孩子

父母在吵架时尽可能地避开孩子，有什么问题可以等孩子离开后再进行沟通。不过千万不要冷战，因为这样会给孩子造成更大的心理伤害。一旦看到父母冷战，孩子会感到不知道怎么办，甚至认为是自己的原因造成了父母的不和睦，长时间下去会慢慢形成孤僻自卑的性格。

2.当着孩子的面和好

即便父母因什么事情吵架了，但需要及时当着孩子的面和好，形成轻松的氛围，并好好安慰一下孩子受惊的情绪，鼓励孩子把自己的感受说出来，再有针对性地进行安慰。

3.敢于承认错误

父母吵架后要勇于承认错误，毕竟父母是孩子的榜样，吵架时的语言、行为都可能成为孩子们模仿的对象。

4.掌握吵架的尺度

父母吵架需要把握尺度，尽可能不要让争吵发展到无法收拾的地步，这样也可以减轻孩子内心的恐惧感。作为父母的责任，应该是让孩子生活得有安全感，父母不要以为感情是两个人的事情，便可以互相攻击、谩骂，这对孩子心理造成的负面影响将是难以弥补的。

离异家庭的孩子教育

现代社会，离婚现象越来越普遍，但它对孩子而言是一件大事，这意味着原生家庭的分裂，意味着重新定义“家”。离婚后，成年人会有一系列需要处理的事务，比如分割财产、协商抚养权、抚养费，其中一方的生活可能发生变动，孩子可能面临转学，以及未来的再婚、家庭重组，等等。这每一件事都可能对孩子造成或多或少的影响，这时候对孩子的教育就显得尤为重要。

东东从小生得虎头虎脑，聪明活泼，人见人爱。但是，在东东5岁那年，生活发生了一些变化，父母因感情不和选择离婚。离婚时，妈妈舍不得东东，想将孩子带走，但是遭到了爷爷奶奶的一致反对，东东看到妈妈离开的时候，大声地哭着抱着妈妈，不想让妈妈走，后来，爷爷奶奶连骂带吓，东东再也不敢提妈妈了。

从那以后，东东再也不像以前一样，变得孤僻古怪，总是喜欢一个人呆在角落里。由于没有妈妈的照顾，慢慢地失去了家人的关注，浑身脏兮兮的，看到陌生人会以一种戒备的眼神瞄上一眼，然后低下头装作什么也没有看见。

父母离异迫使孩子生活在一个不健全的家庭，给孩子蒙上了一层厚厚的阴影，这样对孩子的性格养成是非常不利的。而孩子从小生活在这种压抑的氛围中，怎么会有利于孩子的健康成长。

父母离异后，要重新创造一个适合于孩子成长的环境，实在很不容易。有的孩子由父母一方领着生活，有的是住在父母重新组合的家庭里，有的则是跟着爷爷奶奶。当然，父母离婚这件事本身并不是影响孩子心理发展的唯一因素，真正影响孩子心理成长的重要因素，是父母离婚后包括孩子在内新组建家庭的环境影响，这会让离异家庭的孩子存在一些心理问题：

1.十分自卑

孩子从小对父母怀着一种崇拜的情怀，觉得父母是了不起的人。孩子们在一起的时候，通常会夸耀自己父母如何如何能干、如何如何有知识。一旦父亲或母亲缺失了，孩子自然就丧失了这份优越感，变得忧伤，缺乏乐观进取、积极向上的精神，性格孤僻，不喜欢交际，胆怯，做事缺乏自信。

2.喜欢猜疑

父母离异、家庭缺少温暖的环境，跟随的亲人每天忙着生计，这时候孩子就会开始猜疑：爸爸妈妈是不是不爱我了？同学是不是看不起我？当孩子内心有这样一些想法，就无法与身边人和谐相处，人际关系也会变得越来越糟糕。

3.逆反心理

原来的家庭温馨和谐，生活条件也不错。父母离异后，随着孩子自卑心理及猜疑心理的产生，孩子的逆反心理也慢慢形成，以前看起来很听话的孩子有时会没有理由地抗拒父母的要求，产生对抗行为。

4.想要得到补偿

父母离异之后，孩子在物质和精神都遭受损失。这时孩子就会对其他孩子的物质与精神生活感到羡慕，希望重新获得父母的关爱，希望回到过去幸福快乐的生活，这是离异家庭里孩子的心理。

那么，父母离异后应该如何做，才能帮助孩子更好地成长呢？

小贴士

1.离异前最好跟孩子说一声

在离异家庭中，有许多父母认为离婚是大人的事情，与孩子关系不大，根本不需要和孩子商量。但是，正是这种想法导致了孩子被忽视的感觉，给孩子造成很大的伤害。父母突然离婚，孩子感觉像天塌了一般，容易心事重重，容易激怒，与小伙伴关系紧张，甚至自暴自弃，产生心理问题和行为的偏差。

2.在孩子面前别指责另一方

现实生活中有很多这样的情况，父母不和离异了，心里不痛快，所以不断地在孩子面前说对方的坏话。有的不仅说对方的坏话，还要求孩子和自己一样对对方产生恨意。其实在孩子的心里，对方并不一定那么坏，这样会让孩子很痛苦，会有一些分裂。正确的做法应该是在孩子面前维护另一方的形象，因为他也是孩子最亲的人。仅仅给孩子物质上的关心是不够的，需要更多的关心孩子人格的发展，特别是注意孩子心灵的成长。

3.尽到自己的责任

父母即便离婚了，也应该负担起自己为人母、为人父的责任，毕竟父母在孩子心目中的位置是无法替代的。不管自己在离异这件事中遭受了多大的

委屈和痛苦，都应该好好爱孩子，给予孩子应有的关爱，这是父母的责任。

4.别把孩子扔给老人

许多父母离异后，孩子跟了其中一方，由于这一方要忙工作，很少顾及孩子，干脆把孩子丢给老人就不闻不问了，只是定期给点钱就代表自己的关心了。其实，这是完全不妥当的，把孩子扔给老人，这不能代替父母的陪伴。毕竟，在孩子成长过程中父母的陪伴十分重要，别人是无可替代的。

5.为孩子营造愉快的家庭氛围

离异的父母需要调整好情绪，从痛苦纠缠中解脱出来，正视现实。作为离异后的单亲家庭，需要更多地为孩子创造出一种愉快的家庭氛围，多给予孩子跟对方接触的机会，以弥补父爱母爱的缺失。

6.协助孩子处理好人际关系

父母离异后，孩子的心理压力更多来自于学校和同学。父母要多鼓励孩子结交朋友，一起学习一起玩耍，一旦孩子的群体生活正常了，他身心就放松了很多。同时如果有同学针对孩子父母离异的事情说刺激的话，那父母需要及时梳理孩子思绪，必要时可找老师反映一下情况，让身边的同学正确对待处于单亲家庭的孩子。

7.让孩子感受到爱

父母离异后，孩子很少同时得到父爱和母爱。这时父母可以适时让孩子观察自己一天的生活，让孩子明白父母的辛苦，感受对他浓浓的爱。同时鼓励孩子要坚强，学会爱父母，在学习生活方面给予孩子无微不至的关怀，让孩子知道，身边爱他的人并不少。

8.及时观察孩子的言行

离异家庭的孩子通常比较敏感，一些看起来很小的事情也会让他们产

生微妙的心理变化。父母需要多观察孩子的言行，一旦发生异常就及时跟父母谈心。了解详细情况之后，可以及时疏导的就及时疏导，若是解决不了的则需要调查分析之后再进行妥善解决。

对孩子最好的教育是“家庭和谐”

许多教育专家都在强调，家庭对于孩子教育的重要性，作为构成家庭主要成员的父母，更是担负着家庭教育这样的重担。在这其中，为孩子营造出一个和谐的家庭环境成为了家庭教育的重中之重。家庭是孩子日常生活中最理想的港湾，它是遮风挡雨的寓所，也是孕育希望和放飞理想的土地。

一个和谐的家庭坏境，可以帮助孩子忘却疲劳、紧张和烦恼，这时候家庭成为了孩子前进的加油站。孩子会在一个和谐的家庭坏境里获得生机与活力，在父母那里获取信心和勇气。因此，父母要做好孩子的优秀表率，首先就是体现在营造和谐家庭坏境。

吃过晚饭，妈妈和爸爸两人商量在哪家过年，妈妈一边夹菜一边笑着说：“昨天妈妈就打电话来说，让我们早点回去，可以让孩子看一下杀过年猪，他还从来没有见过哩。”爸爸叹了一口气：“每年都在你家过，啥时候回咱们那个老家啊。”“这不为了孩子嘛，你们家隔得远，回去一趟不方便，都累得人仰马翻，谁还有心情玩啊。”妈妈辩解，爸爸把刚拿起的筷子又放下了：“可昨天爸爸也打电话给我说，今年无论如何得回家过年，爸这么大年纪，我们都两年没有在家过年了，他们也想念孩子啊。”“我说你这人怎么这样啊，不是说好今年在我家过吗，我都跟妈妈说好了，到假期再让孩子去爷爷家玩吧。”妈妈有点不耐烦了，“什么时候说好了，我同意了吗？”爸爸也提高了声音。

于是，在你一句我一句的争执中，两人吵了起来。孩子有点害怕地看着爸爸妈妈，小声喊道：“爸爸妈妈，你们别吵了。”可是，正吵得厉害的两人哪听得到孩子的说话，一个比一个的声音大。爸爸把门一摔，出去了，这才停了下来，妈妈委屈地流下眼泪。

和谐的家庭环境，心理学家是这样概括的：家庭成员之间配合得非常合适，心往一处想，劲往一处使。在这样和谐家庭环境中成长的孩子，他们没有心理上的压迫，各方面都能够得到健康的发展。家庭是孩子成长的第一环境，孩子未来的精神风貌来自于和谐家庭的教育。如果孩子处于和谐家庭环境中，他就会表现为精神振奋、性格开朗、活泼乐观，浑身充满了自信；反之，如果孩子处于一个压抑的家庭氛围中，他就会表现得性格内向、缺乏热情、感情脆弱，有可能还会造成严重的心理障碍，出现抑郁症等心理疾病，这时候，父母与孩子之间也形成了思想上的代沟与隔阂。

生活在什么样的家庭，就带给孩子什么样的发展。那些缺乏和谐的家庭中成长的孩子，他们的身心得不到健康的发展，继而影响到他们未来一生的生活。据调查，那些不够和谐的家庭很容易造成家庭的不完整和孩子的畸形发展。因此，为孩子营造和谐的家庭环境，是作为父母的首要任务。

小贴士

1.和孩子做朋友

父母要多站在孩子的角度来考虑问题，体会他们那个年龄阶段下的心态，这样就可以进行和谐的沟通。有的父母认为孩子还小，就擅自剥夺了孩子的权利，其实，这时候，父母要做到家庭成员人人平等，创造出一种民主的家庭氛围，少一些专制。当父母言行失当的时候，也要虚心接受孩子的建议。如果孩子做错了事情，父母则要耐心诱导，不要急躁，也不要对孩子发脾气。为了孩子的健康成长，极力营造和谐的家庭环境，多给孩子多一丝微笑与鼓励，多一些夸奖。

2.父母应互相谦让和谐相处

若一个家庭吵架不断，父母之间也不能互相宽容，常常因为一件小事就争吵，甚至动手打架。孩子处于这样的环境中，就会感到烦躁，时间长了，在孩子性格上也会烙下不良的印记。所以，作为父母就应该互相谦让，和谐相处，一家人感情融洽，互相尊重，这样和谐的家庭环境让孩子感到舒心，促进孩子健康成长。并且，父母的行为也会影响到孩子，让他懂得关心别人、尊重别人。父母之间需要和谐相处，避免矛盾，减少争执，让孩子有一个和谐温暖的家庭。

3.父母应该多给孩子一些关爱

来自父母的关怀能够激发孩子对生活的信心和热爱，父母应该多给孩子一些关爱。但是，这样的关爱并不是没有节制的溺爱，而是有原则地关爱，重点放在孩子的学习和生活上。虽然，今天的孩子不愁吃穿，但他们仍需要生活上的关心以及学习上的关注。尤其是当孩子遭遇了挫折和失败的时候，更应该让孩子感受到父母爱的存在。

4.为孩子创造温暖舒适的环境

不管父母的经济条件如何，都要努力为孩子创造温暖舒适的家庭环境。家庭环境的舒适并不需要贫富来区别，而是由内而外的温暖与舒适。贫穷的父母，只要多打理也能创造出一个良好的环境；富裕的父母，不仅仅是给孩子提供良好的环境，还需要把心的温暖带给孩子。

第 10 章

思想与导向，培养孩子正确价值观

孩子在成长过程中，思想导向很重要。一个良好的价值观影响孩子的一生。父母培养孩子的价值观对其身心健康成长来说十分重要，正确的价值观可以让孩子少走歪路。当然，价值观的树立并非一蹴而就，需要从小就认真培养。

孩子沉迷网络游戏

对网络游戏，孩子们是怎么看待的?

不少孩子表示：“终于结束了紧张的考试，可以无忧无虑地玩游戏了。”王同学介绍说：“我们班里27位男生，大部分都会打网络游戏，但他们平时是上完课、做完作业才玩一玩，但有些玩游戏的同学学习成绩也特别好，平时也不怎么见他们上瘾。如果假期没人监管，那就很难说了。”一位初一的女学生说：“经历过考试，放松下来之后，我突然不知道该干些什么了。于是在网上打起了奇幻游戏，现在每天上网超过10小时，过着昏天黑地的日子。”

另外，不少孩子称，他们玩诸如“永恒之塔”“热血英豪”“冒险者”“魔力宝贝”等游戏。有的游戏带有暴力、血腥、色情等因素。有的孩子还会在游戏中买武器，花了几千元买装备、道具，他说：“因为你想上一层，级数高一点，装备好才能打赢别人。”对此，教育专家表示，经常接触暴力游戏的孩子多少会存在一定的暴力倾向。

由于处于升学阶段的孩子学业和心理负担比较重，网络很容易成为他们躲避负担和压力的“防空洞”，并沉迷其中不能自拔。另外，由于成长期孩子不具备较高的识别和判断能力，无法自觉抵御不良信息的影响，这

也会影响到他们的身心健康。一些成长期孩子长期沉迷于网络游戏，导致一些精神和躯体的病症，影响了他们的健康成长。

小贴士

1.父母理解孩子的心理需要

其实，追寻成长期孩子喜欢沉迷网络游戏的原因，大多数是为了需求某种心理需要。成长期孩子有许多的心理需求，但是，这些需求很难轻易得到满足，都需要付出艰苦的努力。然而，在网络这个虚拟的世界里，他们却能轻易地得到满足。在网络里，在游戏中体验到成功的乐趣，而且，这种成功的机率将会大大增强。每打过一关，那种欣喜若狂的感受比在现实世界中要快乐得多。而且，这种感觉会强化他们参与网络游戏的行为，使他们沉湎其中不能自拔。

2.父母对沉迷网络的孩子要有耐心

许多父母在向心理医生求助的时候，都会说“孩子上网已经几年了”，试想，几年时间养成的习惯，会在几个月或者几天就改掉吗？作为父母，要想挽救那些对网络游戏着迷的孩子，除了具体的方法之外就是要有耐心。

3.给予孩子更多的爱

在家里，父母要给孩子提供一个温暖、宽松、民主的环境，让他感受到亲情的温暖。对待孩子，要多鼓励，少责备。这样一来，孩子不会因为父母的批评而难受，不用为实现不了父母的愿望而担心。当孩子感受到家的温暖的时候，他就会渐渐地远离网络游戏。

爱上网络聊天的女孩

孩子进入青春期，父母对孩子的异性交往常常会有过敏的反应。为了防止或终止早恋，父母绞尽脑汁，随时提防，有苗头的要及时扼杀，但是，实际结果却是发生在不知不觉中。其中，网恋问题成为了父母头疼的问题。许多父母感到很困惑，越来越多的孩子沉迷网恋，该怎么办呢？

现代社会，由于网络的便捷，再加上孩子的不成熟，网恋是很有可能的。那么，这些孩子网恋，到底是出于什么心理呢？

在许多家庭生活中，父母没有给孩子足够的关爱，彼此之间的情感交流更是少之又少。对此，孩子没有体会到家庭、父母那浓浓的亲情和爱意。这使得许多孩子渴望在虚拟的网络世界里寻找一份爱、一份虚拟的爱。

倩倩在初中开始接触到电脑，有了QQ，平时喜欢聊天，也在网络上认识了很多朋友。刚开始妈妈只是觉得孩子是一时新鲜，并不会太过沉迷于此。假期结束之后，按照规定，倩倩只能晚上用半个小时的电脑查阅资料，然后便写作业、按时休息。刚开始，倩倩都很听话，到点了就去睡觉。

有一次，妈妈半夜起来上厕所，发现书房里有微弱的灯光，她轻轻推门进去，发现倩倩正在QQ聊天，她有些生气："大半夜的，你不睡觉，聊什么天。"她无意中瞥见倩倩在跟一个男孩子聊天，倩倩当即关了电脑说："我睡不着，所以起来查查资料，我哪有聊天。"妈妈半信半疑，决定先不说破。

过几天，倩倩依然不改半夜偷偷用电脑聊天的习惯，妈妈有些生气："倩倩，你在网上认识的都是些什么朋友啊，是真心朋友吗？如果是真心朋友，会不让你好好学习，天天大半夜地聊天吗？”倩倩不说话，只是摆弄着手指。

青春期正处于学习的黄金时期，与此同时，过于紧张的学习也会给孩子带来很大的压力。他们稚嫩的心灵承受了那么多的重负，尤其是遭遇考试失利后，他们会感到一种莫名的绝望。但这些苦闷又无法向谁诉说，于是，在面对现实的时候，孩子选择了逃避，开始沉溺于网恋。

想象中的爱情总是比现实中的美好，想象中的恋人是虚幻的、完美的，极具吸引力的，这就是网恋的魅力。女儿陷入网恋，长时间生活在童话般的完美世界里，会使她对现实世界的适应能力下降，不利于孩子的身心发展。

小贴士

对于女儿网恋，父母应该采用哪些妙招呢？

1.监督女儿，避免其陷入网恋

有的女孩网瘾很大，不能在短时间根除，怎么办？父母如果有多余的时间，可以陪着女儿一起上网，这样她就会不好意思当着父母的面网恋，而且，还能帮助女儿合理安排时间。许多女孩子明白其中的道理，但就是无法自拔。这时就需要父母采取一些稍微强制的措施了。比如，控制电脑，或是网络，减少她上网的机会，只在规定的时间内使用电脑。

2.与女儿进行情感交流

父母要对女儿进行情感交流，让她感受到父母的爱。即使自己的工作再忙，也要尽量抽出时间来关心女儿。多与女儿沟通，随时关注她的情绪变化，就会找到很好的办法解决孩子的问题。另外，父母可以告诉女儿网恋带来的坏处。比如，网恋会导致学习成绩下降，说出其中的利害，让女儿冷静思考自己是否应该网恋。

3.大方与女儿一起讨论恋爱、异性的话题

在青春期，父母可以大方、自然地与女儿讨论恋爱、异性的话题。如果父母的忌讳越多、限制越多，就越激发女儿的好奇心、探究的欲望。对于女孩子，父母要教会孩子自我保护，比如辨别骚扰、拒绝诱惑、求助等自我保护的方法。

孩子喜欢奇装异服

在大街上，可以到处看见一些“奇装异服”的孩子，有些孩子还只是小学生，他们刚刚进入成长期。成长期的孩子已经开始发育，并开始注重自己的外貌和打扮，而他们最大的特点就是喜欢一些惹眼的装扮，让人一眼就能从人群中分辨出来。孩子如此“非主流”的装扮，让许多父母很是担忧，那到底是什么原因让孩子这样打扮自己呢?

成长期孩子追求叛逆、自由的生活，叛逆是成长期心理的一大特征，这一特征让许多孩子喜欢穿奇怪的衣服，企图让人看到他们的与众不同。而且，他们以这种方式来弥补心中的不安。

许多成长期的孩子有意穿着奇装异服，潜意识是想弥补心中的不安。心理学专家认为：“如果一个人界限感薄弱的话，除了感到与他人不同之处，还很难把握和他人之间该保持多远的距离。”许多孩子对自己与别人的交往感到不安，对自己的生活也感到不确定，他们为了保持心理的安全感，就很喜欢穿着夸张的衣服，人为地与外界社会划清界限，以此缓解内心的不安情绪。

李妈妈向心理医生说出了自己的忧虑：

我女儿就读于一所重点中学，这半年时间来，本来性格温顺的她表现出一些怪异的行为。她喜欢穿奇装异服，还经常和一些乱七八糟的朋友玩到深夜才回家。我当时很无奈，只好将女儿送到一所行军学校去训练，想借此改掉女儿身上的坏习惯。

女儿从行军学校回来后，我和她的关系变得很僵，她故意不上学，故意和我作对。她觉得是我害了她，让她一个人在行军学校吃那么苦，经常为这事跟我吵架。可最近一个月，她也不和我吵架了，反而窝在家里一声不吭。我看过一些心理书籍，发现女儿患上了严重的抑郁症。我真的很担心她，其实，在女儿三岁的时候，我因与丈夫性格不合，选择了离婚。离婚后，我一个人带着女儿生活，而我为了女儿，这么多年也一直没有再婚。

对李妈妈所讲述的事例，心理专家说：“大多数幼小的孩子在离婚后都是跟母亲生活，而现在女性职业压力大，又带着孩子，生活就显得更加艰难。孩子在缺少父爱之后，母亲对孩子往往表现出过分严厉或过分溺爱。案例中的孩子喜欢穿奇装异服、举止怪异，其实，就是缺乏父爱而造成的叛逆心理。”

孩子到了成长关键期，有了强烈的自我意识，他认为怎么样打扮自己都是自己的事情，他们不允许父母干涉，更讨厌父母对自己评头论足。其实，孩子的选择无可指责，或许，奇装异服能让孩子们找到“特立独行”“有个性”的感觉。孩子喜欢这样的服饰，其实是显示出心里的一种渴求。作为父母，在引导孩子的时候，需要一定的策略，否则，只会起到相反的作用。

小贴士

1.了解孩子行为背后的真实心理

孩子总是喜欢穿奇装异服，父母感到疑惑：是孩子审美有问题还是自己落伍了？其实，父母应该了解孩子喜欢的东西，比如发型、头饰、服饰，弄清楚那些东西为什么吸引他，当你明白其中的原因之后，再跟孩子沟通自然就会有话题了。

2.引导孩子选择适合的服装

莎士比亚曾说："如果我们沉默不语，衣裳和体态会泄露过去的经历。"你可以告诉孩子："如果你的打扮让人对你的身份产生不好的联想，那说明你的装扮很不合适宜。无论你是追求个性，还是追赶潮流，最好还是选择符合自身年龄、身份的装束，这样你才会更加美丽。"

3.帮助孩子找回自信

如果父母发现孩子特别在意自己的外表，其实那是孩子不自信的表现，他通过穿着奇装异服来证明自己与众不同。对这样的情况，父母应该多肯定他、赞扬他，帮助孩子建立自信心。因为一个真正自信的人是不需要刻意来证明自己的，更不会通过奇异的发型服饰来引起别人的注意的。

喜欢摇滚乐的孩子

摇滚是一种精神，它倡导自由，倡导大家敢于挑战传统观念，鼓励人们发泄出自己对社会的不满，揭露社会的阴暗面，反映出人类内心真正的痛苦、欲求。在现实生活中，许多父母认为摇滚是猛烈的失真、不羁的眼神、漠视一切的态度，也正因为如此，许多父母极力反对自己的孩子听摇滚，担心孩子会被这种摇滚的豪放、狂热、不羁所影响。当然，父母的这种看法是片面的，摇滚乐有不同的风格，每种风格都有其特殊的感情表达方式。这需要父母仔细分辨孩子所喜欢的摇滚风格，才能判断摇滚乐是否对孩子有不利的影响。

喜欢摇滚乐的成长期孩子，大多存在这样的心理：叛逆，反对世俗，和大家的观点想法不一样；心理敏感，很感性；内心深处在某方面很自卑，但在某些方面很自大，看不起很多东西；悲观，尤其是在孤独时更加失落；心胸狭隘，他们在表达感情或情绪时很直接，不太顾及到他人的感受；喜欢幻想，希望通过幻想来改变这个世界。

本来，女儿喜欢听歌是一种情趣，但是，一位父亲却开始为此担心了起来。他说：“我女儿正上高二，平时最大的爱好就是喜欢听歌，以前我也没怎么关注她的这些爱好。因为我对音乐也不怎么熟悉，也就喜欢听一点80年代的老歌。可前不久，我发现女儿经常会躲在房间里听一些极具震撼力的歌曲，而且，经常把声音开得很大，震得房间都一颤一颤的。我好奇地问女儿‘你听的都是什么歌曲啊？’她很得意地回答说‘摇滚，老爸，你没听过吧，快过来听听’。可能是年纪大了，听着那声音我的耳膜就受不了，女儿称这是重金属音乐，我也搞不懂其中的差别。”

停了一会，那位父亲继续说：“其实，当时我也没怎么在意，可能觉得这个年纪的估计都在听这类的歌曲。可我问女儿，她说班里仅有一两个同学喜欢听这样的歌曲。我表示很不理解，她却告诉我，音乐是很私人化的东西，能够真正喜欢音乐不容易，音乐不像电影，人人都可以看得懂。虽然，女儿喜欢听摇滚乐，这可能不是什么大事，关键是我对摇滚乐又不熟悉，就是担心女儿会听了不好的音乐而影响她的心理，现在，我也不知道该怎么办了？”

对于大多数父母来说，摇滚只是一种模模糊糊的印象，可能他们一辈子也不会关注到“摇滚”这个词。不过，走在大街上，经常会听到一些成长期孩子在谈论摇滚乐，这不难看出，摇滚乐深受许多成长期孩子的喜爱。

摇滚乐给人们带来的不仅仅是听觉上的冲击，更多的是对思想的影响。摇滚乐有积极向上的，也有消极低调的；有大胆抨击的，但也有搀杂着颓废的因素的。如此复杂多变的摇滚乐是否适合孩子？不难看出，案例中父亲的担心是很有必要的。

那些喜欢摇滚的孩子大多数会把摇滚当作一个出口，发泄心灵深处激情的出口。通过摇滚，他们追求自由，发泄心中的不满。成长期是一个充满挫折的时代，孩子在追求独立生活的过程中，往往会遇到一些困难与烦恼。他们内心苦闷，又不愿意将心中的烦恼向父母倾诉。在这样的情况下，摇滚音乐往往能引起孩子们的心理共鸣。

小贴士

1.引导孩子听健康音乐

现代的流行乐坛也充斥着一些粗制滥造、庸俗低下、过分凄婉悲惨的音乐，这会使孩子陷入低迷的情绪，有的孩子还会受到歌词的影响，产生颓废的心理。当然，好的歌曲往往催人奋发向上，热情澎湃。孩子在选择听什么音乐的时候，父母可以建议他们选择内容和情调健康的音乐，不要去听那些颓废无聊、格调低俗的音乐。

2.父母引导孩子正确看待摇滚乐

美国科学家曾做过一些实验：在摇滚乐的作用下，植物会枯萎下去，动物会渐渐丧失食欲。而摇滚乐对人的危害也是相当大的，不仅能导致人的听力下降，精神萎靡，还会诱发一些身体疾病。

听摇滚乐是对成长期孩子来说是一种时尚，不过，父母应建议孩子选择合适自己的摇滚乐，而不是盲目地追求所谓的时尚。你可以告诉孩子“好的音乐才会使你身心得到健康的发展，反之，只会影响你的身心健康”。

孩子太爱打扮了

追逐时尚与美丽已经成为当今社会的一种潮流，时尚文化以自身独特的方式深刻影响着孩子们价值观的形成与发展。成长期的孩子思维活跃，具有较强的接受力和表现欲，他们往往追求眼下最时髦、流行的生活以及消费方式，部分人甚至把幸福生活更多地理解为时尚生活。作为父母，应该引导孩子理性地看待时尚文化，引导成长期孩子形成正确的时尚观，树立正确的价值观。

人喜欢得到别人赞扬以及不甘心落于人后的愿望，是根深蒂固的。尤其是处于成长期的孩子，他们把时间用在打扮装饰上，其实是有特殊的心理功效的。有可能是吸引异性的注意，同时，引起同性孩子的羡慕。每当出现这种情况的时候，他们就会感受到一种心理上的满足。

一位母亲说：

我女儿正在上初二，个子不怎么高，她平时兴趣爱好很多，比如唱歌、玩滑板、跳街舞，等等。最近，我发现女儿越来越讲究穿着。她总是喜欢穿新衣服、新鞋子，那些以前的旧的则很少问津。她每天早上起来很早，但并不是用来学习，而是反复换衣服，照镜子，直到看到自己满意的一身打扮才出门。有时候，上午穿了一套，下午还会再换掉一套。

前不久，爸爸去外地出差，给她带回来一套三百多的衣服，看上去挺时尚的。当时，女儿的眼睛都亮了，抑制不住兴奋地说："明天我就穿着去上学。"我提醒说："可你身上这身才是今天换的，怎么换衣服这么勤？"女儿却对我说："妈妈，这是时尚与美丽，你不懂的啦！"其实，女儿穿一件衣服，我并不太在意。我比较关注的是她对穿着过于注重的行为以及背后的心理。她太热衷于打扮，过分注重穿着，在同学们中太惹人注意，太花哨，会分散她学习的精力。

通过这位母亲所讲述的事例，不难看出，成长期的孩子伴随着自我意识的增强，他们比较"爱美"了，喜欢打扮自己了。在这个年纪，他们已经懂得了什么是时尚与美丽。在成长期以前，大多数孩子的穿着打扮都是父母包办，往往是父母买什么衣服，他就穿什么衣服。但是，一旦孩子进入成长期，他们在关心自己内心世界的同时，也会把大量的精力与时间用在打扮自己上面，比如穿衣、发型等装饰上，热衷于追逐时尚与美丽。

雨果说："理想无非就是逻辑的最高峰，同样，美就是真的顶端。艺术的民族同时也是彻底的民族，爱美就是要求光明。"心理学家表示，那些懂得自我欣赏、追逐美丽的孩子，他们往往更自信、乐观，更容易获得幸福与成功。孩子爱美是天性，这并不是什么错误，当然，面对时尚潮流，则需要父母积极引导，帮助孩子树立正确的价值观。

小贴士

1.让孩子认识美的本质

本来，成长期孩子爱美打扮是很自然的事情，这是无可厚非的。但是，由于孩子对美的本质认识还很肤浅，他在追求美的时候往往会出现一些偏执倾向，比如盲目节食减肥保持苗条的身材，穿着打扮过分追求成人美。于是，他在追随时尚、刻意修饰、矫揉造作，结果却失去了纯真、健美和青春气息。对此，父母不妨告诉孩子："美的本质就是真实，即使你不打扮，你一样美丽，因为你纯真。相反，你若是过分打扮，反而失去了少年的纯真，这样反倒是不美的。"

2.引导孩子正确看待"时尚与美丽"

成长期孩子经常是跟着时尚走，社会流行什么，他就追逐什么。对孩子盲目追逐时尚潮流的现象，父母应该有一定的警惕心理。你可以告诉他"时尚其实就像浪潮，或许，你认为现在流行的是美的，但是，过不了多久，它就会被淹没在大海里，因为新的浪潮又打过来了，而你追逐时尚的过程，其实就是一个永远没有办法停下来的过程。而且，孩子，真正的时尚来自于心里，而不是外在表现，就算你打扮再时尚，但你其实就是一个中学生。"如此，引导孩子在面对时尚潮流的时候，需要选择适合自己的，而不是盲目追逐。

如何看待孩子的偶像崇拜

现代社会，在经济飞速发展的同时，人们的价值观念也日趋多元化。不少媒体为了吸引眼球，为了聚集人气就大搞造星、选秀活动，在电视上，天天都是俊男靓女，大款、大腕星光闪耀，明星的举手抬足都是新闻，他们的生活细节被无限放大，所谓的"绯闻"占据了整个版面。

这些现象让许多成长期的孩子完全迷失了自我，在他们看来，明星的生活才是最成功的生活，明星的行为才是正确的行为，把明星当作偶像，把明星当作完人，至于什么雷锋、张思德、黄继光等真正的伟人通通都被他们抛到脑后了。

妈妈问孩子："宝贝，你的偶像是谁？"

孩子回答说："王源啊，那么帅，又那么可爱，唱歌也好听。"

妈妈继续问："除了这个，他身上还有其他可贵的品质吗？"

孩子作沉思状："品质吗？其实我跟他又不认识，哪里了解那么多信息。"

妈妈说道："是呀，你又不是特别了解他，你怎么就把他作为偶像呢？你喜欢他的理由都是飘浮于表面的东西，并不是他的品质及性格，你应该多观察身边的人，比如努力上进的爸爸，智慧幽默的老师，慈祥有爱的奶奶，在他们身上闪现着可贵的品质，从他们身上可以学到很多东西，所以，真正的偶像应该是他们。"

孩子正处于生理的发育期，性格还没有定型，心理还没有成熟。他们判断好坏的意识还比较模糊，分辨是非的能力还不强。因此，孩子在价值观的形成上很容易受到外界的诱惑，在树立人生观上很容易受到社会的左右。而在他们这个年龄上所体现出来的特点是"模仿多于自觉，从众多于主见"。尤其是那些明星偶像对成长期孩子的影响力更是巨大：从他们的日常言行，到他们的价值观念；从他们的穿着打扮，到他们的对观众的态度都是孩子们模仿和追随的范本。

一直以来，中华民族的传统中，就是把那些威武不能屈、富贵不能淫、忠诚不二的人当作崇拜的偶像，就是把那些为国立功、为民请命、为社会作贡献的人当作偶像。古有屈原，今有雷锋；古有民族英雄岳飞，今有用身体堵枪眼的黄继光；古有刚直不阿、执法如山的包拯，今有一生都在平凡岗位上默默为人民服务的张思德。

而现代社会的孩子们似乎早忘记了他们，面对孩子疯狂的追星行为，甚至把明星当偶像，作为父母，该如何引导呢？

小贴士

1.让孩子明白“崇拜”“偶像”的真实含义

许多孩子喜欢明星的理由竟然是“长得漂亮”“帅气”“歌唱得好”“打扮够时尚”，在这样一些肤浅理由下，他们就轻易地将明星当成了偶像来崇拜。对此，父母需要告诉孩子：“偶像值得崇拜的原因在于他为社会、为人类、为世界作出了杰出的贡献，在他身上有值得我们欣赏的高贵品质，或许，他们身上并没有什么耀眼的光环，他们就跟你们一样，只是一个普通人，但是，他们的一生不平凡……”

2.让孩子看到明星的不足之处

在孩子追星的时候，父母可以引导他主动说出自己喜欢明星身上的不足，比如明星的发型、服饰、表情、习惯动作、口头禅，等等。比如，有的明星醉酒驾车、有的明星吸毒、有的明星对着记者说脏话，等等。帮助孩子学会分析，引导他以理智的态度来面对明星。让孩子明白，明星也是人，他也有缺点，并非他说的每一句话都是真理，每一种行为都是榜样。

3.帮助孩子寻找真正的偶像

榜样的力量是无穷的，每个孩子都需要有学习的对象。父母需要做的不是让孩子不再追星，而是让孩子寻找到真正的偶像。父母可以引导孩子亲近历史，了解一些中外名人、伟人，让他熟悉更多的科学之星、艺术之星，通过潜移默化，让孩子将他们当作真正的偶像。

孩子太爱慕虚荣

“再穷不能穷孩子”，这是曾经被广泛地刷在墙上、写在黑板上、挂在嘴边的一句话，表达了调动一切社会力量办教育的决心。但是，现在人们对句话有了新的理解。许多父母总是竭尽所能满足孩子的种种消费需求，父母大力支持的行为助长了孩子们互相炫耀的攀比心理。其实，对于孩子们盲目地追逐虚荣的生活，作为父母，应该要反省自己的行为。

在比较中，孩子发现别人在某方面远远超过自己，就可能产生欣赏、羡慕的心理。当然，健康的欣赏可以激发积极向上的动力，而变调的欣赏则会演变成攀比，还有可能诱发不健康的行为。处于成长期孩子，他们已经开始用眼睛观察身边的生活，一旦看到别人拥有的东西，他们往往不能冷静地分析“我是不是需要”，就急切地想拥有。

几位中年妇女聚在一起聊天，不约而同地谈到了孩子追赶潮流的话题。一位母亲说：“女儿今年上初二了，天天吵着要手机，我看许多学生都有，就答应了她。你猜她怎么说？说一定要买最新款的，不能比别人的差。”另一位母亲附和道：“现在的孩子可爱攀比了，在吃、穿上处处和别人比较，他们一半的心思都花在攀比上，哪里有用功读书啊。”

一直沉默的王女士说：“哎，现在的孩子，早上我刚刚看了一个新闻，说一个17岁的安徽小伙子在网上接触了一个卖肾的中介，当时他正想买一个iPad2，在中介的劝说下，他到湖南某医院进行了肾摘除手术。当我看到这个新闻，真是被吓倒了，现在的孩子一点也不让我们省心。”

“说到底，这就是虚荣心在作怪，我家女儿也是，经常嘴里说的都是什么名牌衣服啊、名牌鞋子啊，别人要有的，她自己也要有，可我们有什么办法呢？孩子要，我们做父母的，还不是乖乖掏钱买。”一位母亲很无奈地回答说。

随着年龄的增长，心理上的成熟，许多成长期孩子意识到了“金钱”的重要性。除了平时学习之外，无时无刻，他们不是在感受“钱”带来的虚荣感。小小年纪的他们已经开始欣赏歌星、影星的风采，欣赏迪斯科的节奏，欣赏百万富翁的潇洒，欣赏同学过生日花钱多，欣赏同学的名牌服饰。如此种种的欣赏，其实就是以自身在与他人做攀比。

成长期孩子正处于生长发育阶段，对事物尚缺乏正确的判断、分析，而攀比心理会给孩子的身心健康带来消极的负面影响，甚至孩子的自信心也在攀比中慢慢消失。对待孩子的攀比心理，父母应该积极引导，具体说来，应该从下面几个方面着手：

小贴士

1.榜样的力量

俗话说：“大狗爬墙，小狗学样。”成长期孩子有较强的模仿力，在这样的情况下，父母的一举一动都会给孩子留下深刻的印象。因此，作为父母，应该做好榜样，从自身做起，理性消费，在孩子面前切忌与同事、朋友盲目攀比，以免影响到孩子的心理。

2 .对孩子不要“有求必应”

许多父母秉承着“再穷不能穷孩子”的理念。于是，孩子想要手机，买；孩子想要名牌包包，买；孩子想要电脑，买。如此对孩子有求必应，很容易养成孩子过度的以自我为中心的心理。如果孩子想要什么就给什么，很容易造成孩子攀比的惯性，不利于心理的健康发展。

3.引导孩子理性消费

有的孩子只要看见朋友有了新的东西，他就想买，从来没考虑过那些

东西是否真的适合自己。在这样的情况下，当孩子再要求买东西的时候，父母应该告诉他："你是否真的需要这些东西？它对你有什么作用？"以此引导孩子正确分析盲目消费的现象，冷静对待虚荣的攀比心理。

第 11 章

给予与需求，遵循孩子成长规律

在孩子成长过程中，他们到底需要什么，父母给予的真的是孩子们所需要的吗？不可否认的是，父母的爱是无私的，温暖的，可能他们在很多方面都为孩子做得非常周到，然而，这些对孩子的未来又真的有所帮助吗？

注重孩子成就动机的培养

孩子虽然可以靠父母和亲戚的庇护而成长，因爱人而得到幸福，但是不管怎么样，人生归根到底还是要靠自己。一个人要想成就大事，从心底里感受到生命的充实，那就必须靠自己。所有的事实都证明："一切靠自己"是最明智的人生理念。

在孩子成长的路上，其成就动机是促使孩子们成功的原动力。作为父母一定要注意培养呵护孩子的成就动机，通常情况下，那些成就动机高的孩子，在生活中往往具有独立的见解，能够抵制不可靠的意见，做事情很容易赢得成功。而且，在做事情的过程中，孩子们总是可以尽自己最大的努力，克服一切障碍，将自己的潜能发挥到极致。相反，那些成就动机低的孩子，他们总感觉信心不足，认为自己不行，而在设置目标的社会，他们又设置一些不切实际的目标，结果因不付出努力，导致一次次失败。

当然，孩子的成就动机是可以在日常生活中培养出来的，最关键的一点，就是父母一定要让孩子学会自己依靠自己，让自己知道不论做什么事情，都必须依靠自己的力量，这样才能克服障碍，把事情做好了，这样才增强其成就动机。

父母应该有意识地培养孩子的独立能力以及自立意识。因为对于一

个充满朝气的孩子来说，要是觉得自己有能力，一百个人说你是白痴也没用；假如孩子觉得自己很没用，那即便给他注射兴奋剂也没用。父母需要告诉孩子：任何成功靠的都是自己的努力和机遇，这跟别人的照顾没有决定性关系，正所谓天道酬勤，只要你相信自己，那生活就一定会越来越好。

小贴士

1.告诉孩子：永远相信你自己

告诉孩子：在这个世界上，不要相信任何人，只能相信你自己。在平时的生活中，假如孩子自己摔倒了，他们不会哭闹不止，而是自己都会爬起来，因为他们知道，哭闹都是没用的，谁也没时间管自己。

2.不要抱怨孩子太较真

有时候当孩子真的想去靠自己的时候，却有的父母抱怨孩子认真过头，太计较。当孩子真的自己努力去做某件事情的时候，父母有时觉得孩子不用这样认真。父母的错误做法，经常会抱怨、反对太认真，假如父母从一开始就不主张孩子做到最好，那他一生可能也不会认为自己就是最好的。假如孩子从小就不能仔细分辨态度与行为的差异，那他也不可能那么严肃地对待以后的学习和生活。

父母需要正确对待孩子的成就动机，假如孩子天生爱较真，每件事都想做到最好，那父母就应该想办法去呵护孩子的成就动机；假如孩子不好强，凡事都顺其自然，那父母需要花时间去培养孩子的成就动机。

3.激发孩子的成就动机

父母帮助孩子树立能够达到的目标，激发孩子建立适当的成就动机，让他们明确知识学习，品德修养等追求的目标。当孩子在一次活动中获得成功的时候，他们会感到满足，这时父母教育孩子不能满足现有成就，在夸奖他们的同时，帮助他们树立进一步的目标。

4.相信孩子的能力

父母要相信孩子的能力，给予他们锻炼的机会，只要孩子自己能够做的，就应该让他们去做。凡是孩子自己能想到的，他们就会有尝试的愿望，父母要不厌其烦的给孩子机会，允许孩子去做一些他们自己能够做好的事情，这样会增加孩子的自信心，利于他们赢得成功。

让孩子知道努力是一种责任

勤奋是一个人生存的最根本条件，一个人的成功是跟他是否勤勉是有重要关系的。如果一个人是勤奋的，那么他就拥有了成功的机会；如果一个人是懒惰的，那么他就一定是不会成功的。勤勉和成功是互相制约的，经常会有很多人因为自己的勤勉而成功，但却很少有人因为懒惰而成功。虽然你的勤劳并不一定会给你带来成功，但是无论如何，每个人都要辛勤工作，因为这是导致成功的最基本的条件。

成功的秘密：把寻求别人的帮助视为耻辱，不管自己多么贫穷，不管自己怎么样在低谷中挣扎，始终会保持这种意识，并以鲜明的独立精神继续生活。灵魂的根源就是独立地生存，自己要想获得独立和自由，就必须学会勤勉。在孩子们很小的时候，父母就应该给他们讲述一些关于勤勉的故事。

在孩子们小时候就开始培养他们勤勉的习惯，这有利于孩子们更早地意识到勤勉的作用。告诉孩子：如果你很懒惰，那么就什么也得不到；如果你是个勤奋的人，就能够得到奖赏。因为从小树立起来的观念，会让他们在成长的路途中，更懂得怎么认真地去做每一件事。

小贴士

勤勉是人一生的财富，怎么样培养孩子是每个父母必须要考虑的问题：

1.让孩子在游戏中学习

对于年幼的孩子来说，他的生活就是游戏，学习做家务其实也是一种游戏。比如父母让孩子收拾玩具的时候，可以说："玩具玩累了，他们要回家休息了，让我们把他们送回家吧。"开饭的时候，父母可以说："妈妈要当厨师了，宝贝，你来当服务员，好不好？那现在就有请服务员帮忙把菜端出去。"当孩子觉得做家务原来可以这样有趣的时候，他们就一定会喜欢上做家务。

2.让孩子多练习"做事"

许多父母因为赶时间上班，没时间和孩子磨蹭，看孩子做事做的很慢，就干脆自己来做。实际上，父母可以利用晚餐后的时间来慢慢教孩子，并尝试着让孩子自己来做，时间一长就熟能生巧了。

3.抓住孩子兴趣的动机

从孩子的发展过程来看，孩子都是喜欢做事的，比如开始学走路不要父母抱；学吃饭时不喜欢父母喂，要自己吃；父母给孩子穿衣服，他会抢着自己穿。其实，这就是孩子做事情最强烈的时候，父母需要耐心地教给孩子方法，指导孩子做好他们想做的事情，让孩子享受到"我会做"的喜悦和成就，不要顾虑到安全或觉得麻烦而不肯让孩子尝试，结果让孩子失去了学习的机会。

4.“舍得”让孩子做家务

父母不要总认为孩子小，很多事情都舍不得让他做而每件事都代劳，时间长了，孩子就没什么机会练习了。慢慢地，许多事情就真的不会做了。所以说父母要舍得让孩子做家务。当然，由于孩子的年龄、动作技巧、体力、耐心不一样，父母让孩子做家务，应按照孩子的能力而来，不宜过度，否则会让孩子因挫折而产生抗拒和畏惧感。

5.父母要做示范性动作

在训练孩子学习生活劳动的具体操作时需要父母示范，然后再让孩子独立操作。比如，父母教孩子扫地、洗手帕、洗袜子、穿衣、穿鞋等，让孩子看大人怎么做，一边示范一遍细心去给他讲具体的注意事项，然后手把手教，再慢慢放手让孩子自己独立操作。

6.少责备，多鼓励

父母在指导孩子的时候，口气要温和，不宜不耐烦，应有耐心、有步骤地教导孩子学习。犹太父母认为，父母应该珍惜孩子每次的尝试，以鼓励为主，孩子每做好一件事情，都应该及时鼓励，比如，给孩子一个微笑，拥抱一下或说声“谢谢”“做的不错”，这都可以让孩子感到骄傲和自豪，体验劳动的愉快，激发其喜欢劳动的欲望。

7.适当奖赏孩子的劳动

父母常常会通过家庭教育来让他们的孩子学会勤勉。比如他们常常会给孩子一份清单：“小米拖地赚了10元，吃饭后为全家人洗碗赚15元”“小丽收拾自己的床铺赚了15元，在家照顾小弟弟赚了10元，插花赚了10元”。而且他们会告诉孩子这些零花钱是通过自己劳动所得，如果你不干活，就不能得到零花钱。他们通常都是不随便给孩子钱的，目的就是鼓励孩子们多干活，并通过孩子们干活来培养他们的勤勉。等到这些孩子长大了，大多都能勤奋地工作，最后在事业上取得成功。

对孩子必要的逆商教育

每个人的人生道路不可能是一帆风顺的，都会有环境不好、遭遇坎坷、工作辛苦、事业失意的时候，这时候千万不要放弃，因为人生没有失败，只有放弃。犹太人认为，我们每个人从出生的那一天起，就注定了背负经历各种困难折磨的命运，既然是前生注定，今生的苦乐就是难以避免的。假如做生意顺利一点，那可以赚取很多的钱；一旦运气不好，日子就有可能过得艰苦一些，若是你不够坚强，那当逆境来临的时候，就会匆匆结束这次旅行。假如我们足够坚强，那逆境又算得了什么呢?

逆境是一种人生挑战，在压力的促使下，他们能够充分发挥自己的能力，从而发现自己的潜能，肯定自身的价值。而一些人好像就是为逆境而生的，顺境的时候，他好像就提不起精神来，若是一旦遇上逆境，有了压力，则会精神百倍，像变了一个人似的，与逆境抗争着。

前两天的一个晚上，女儿幼儿园的小姐妹，同时也是我朋友的女儿，一起来我家里玩。她们两个一起画画，我看到那小朋友的画不错，就表扬了一句：“小姑娘画的房子真漂亮。”女儿听到后，不高兴地走到另外一个房间，我没理她。这时那个小朋友说要玩具，我就把女儿平时玩的积木给他，后来女儿过来看到了更加不高兴了，又走了，直到客人走了，女儿也没从房间里出来。

后来，女儿莫名其妙就哭了，哭得很伤心，我问她为什么，她说：“你说她画得好，我也画得很好啊，但你为什么不表扬我呢？我要做一个不听话的坏孩子。”我愣了，女儿又很委屈地说：“你拿玩具给她玩，又不给我拿。”我解释说：“因为她是客人，所以妈妈要拿好吃的给她吃，拿玩具给她玩。”女儿委屈地说：“可我是你女儿，为什么你不拿给我呢？”

人们的生活水平提高了，社会中独生子女所占的比例也越来越大，但对孩子的教育问题却成为了父母最头疼的问题，在家庭教育的过程中，出现了一个十分突出的矛盾，那就是孩子的生活和受教育条件越来越好，但孩子们的身心承受能力越来越差。在我们身边，常常有孩子因为受批评而选择离家出走或者自杀，其中的关键原因就是孩子生活太顺利了，缺乏相应的挫折教育。

挫折教育就是指家长有意识地创设一些困境，教孩子独立去对待、去克服，让孩子在困难环境中经受磨炼，摆脱困境 ，培养出一种迎着困难上的坚强意志及吃苦耐劳的精神。

挫折是当孩子遇到无法克服的困难，不能达到目的时所产生的情绪状态，人的一生可以说是与挫折相伴的。困难和挫折，对于成长中的孩子而言，是一所最好的大学，而父母给孩子过分的溺爱和保护，让孩子缺少参与、实践的机会，缺乏苦难的磨炼和人生的砥砺，会导致孩子的心理承受能力十分脆弱，遇到一点点挫折就灰心丧气、自暴自弃，从而失去信心。

小贴士

对于孩子们来说，他们的逆境则是在学习和生活中受挫，那他们的受挫原因大致有哪些呢，有这样几点：

1.心理承受能力较差

许多中国父母为了帮助孩子创造一个良好的学习氛围，不让孩子吃

一点苦，受一点委屈，认为孩子的任务就是学习，那其他所有事情都由父母包办。父母将孩子在家庭范围内承受挫折磨炼的机会降低到了最低。尽管这样的父母是用心良苦，不过结果却是往往相反的。因为对孩子的过度关心、过度保护、过度限制，让孩子缺少了磨炼，最后让其形成一种无主见、缺乏独立意识、依赖父母的心理。一旦这样的孩子遇到了逆境就会束手无策，心灰意疼，心理承受能力很低。

2.情感上的困扰

孩子们的情绪情感的深刻性和稳定性尽管在发展，不过依然有外露性，比较冲动，容易狂喜、暴怒，也很容易悲伤和恐惧。对孩子来说，情绪来得快，去得也快，顺利时得意忘形，遇到挫折就垂头丧气。因为理智和意志比较薄弱，不过欲望较多，假如家里不能满足其要求，孩子就会产生一些不良的情绪，他们就会忍不住发脾气。

3.学习上的烦恼

在中国，许多孩子都是独生子女，父母们望子成龙心切，对孩子提出很多不符合他们身心发展规律的过高期望，再加上频繁的考试、测验、作业、学业竞争，从而增加了孩子们的心理压力，让孩子们不敢面对失败。沉重的学习负担和强大的思想压力，让孩子们精神非常紧张，长时间处于焦虑不安之中。

4.人际关系方面的困扰

随着孩子的心理发展和自我意识的增强，使他们有一种强烈的渴望了解自己与他人的内心世界，所以产生了相互交换情感体验，倾诉内心秘密的要求，他们希望得到别人的理解、尊重、信任。不过有的孩子因为个人特点造成在人际交往上的障碍，自以为是，不能清楚地了解自己的不足，结果让他们在人群中很不受欢迎，这样的孩子容易感到孤独。

别让孩子生活在过高的期望里

现在社会竞争压力越来越大，而父母对孩子的期望值越来越高，父母迫切地希望孩子成才，导致孩子的学习负担越来越重，而孩子的逆反心理也越来越强。心理学家建议，成功需要一步步的努力，过高的期望值很容易让孩子迷失方向、看不到出路。

“望子成龙、望女成凤”由来已久，父母对孩子的期望值过高，是我见过目前许多独生子女父母普遍存在的现象。通常孩子到了三四岁，父母就开始琢磨应该让孩子学点什么，假如是孩子本身愿意去学，那也就无可非议，但我们看到更多的是父母威逼利诱让孩子去学这个学那个，结果弄得自己苦不堪言，而孩子也失去了一个快乐的童年。

12岁的小文是家里的独生女，爸爸妈妈都对她寄予了很高的期望，要求女儿在各个方面都能表现出色。为了让小文有一技之长，爸爸妈妈一口气给她报了钢琴、小提琴、绘画等多个学习班。小文因此变得很忙，本来可以放松一下的周末竟然比平时学习还累。

虽然如此，一段时间之后，小文的学习成绩有所提高，在学校以外的活动中也有出色的表现。在爸爸妈妈眼里，小文越来越优秀了，他们更加坚定地给小文灌输着“事事争第一”的思想，不过小文却慢慢表现出了一种病态的敏感。即便是爸妈、老师的一个眼神，她都猜想是不是自己哪方面没有做好，身边的同学受到老师的表扬让她感觉到不小的压力。小文陷入了紧张和郁闷之中，偶尔表现出有些“神经质”。

很多父母对子女抱太大的希望，经常不自觉地给孩子施加压力，强迫孩子在小小年纪就去学这学那。结果，许多孩子对学习产生了厌恶情绪，有的还严重影响到身心健康。“望子成龙”是许多父母的美好愿望，这是

无可厚非的，不过父母必须明白不是每个人都成得了“龙”，不要过分苛求自己的孩子，也不要让孩子过早背上沉重的思想包袱。

父母的期望值过高对孩子而言并非是一件好事情，有时候甚至会出现可怕的后果。有的孩子本来有自己的优势所在，不过假如父母的期望值过高偏离了孩子本来的情况，就会让孩子产生不自信、没动力，甚至厌烦、叛逆等心理，这不仅不利于孩子的进步，反而容易让孩子的心理出现问题。

小贴士

1.什么是成功的教育

父母怎么样才算对孩子尽到了责任，怎么样才算教育孩子成功？或许父母都喜欢用“出人头地”“成名成家”来衡量。实际上，教育的最高理想不是培养多少不可一世的大人物，而是培养出多少和谐幸福的人。对父母而言，教育孩子不一定要把他培养成教授或博士才算成功，关键是要让孩子成为一个幸福的人。

2.尊重孩子的兴趣爱好

父母应该设身处地考虑孩子的实际情况，照顾孩子的兴趣爱好和实际能力，尊重孩子的意愿而不是盲目地要求孩子按照父母预先设计的轨道成长，千万不要对孩子提出过高的期望要求，需要注意给孩子减轻过重的精神压力。不要将孩子人生的最大砝码仅仅押在学习成绩的拔尖上，毕竟，培养孩子有一个健康的心理、美好的品格和良好的动手能力，远比考试成绩更重要。

3.降低期望值

父母要想让孩子快乐地成人成才，父母首先要有平和的心态，降低期望值，给孩子减压，根据实际情况和孩子一起制定合适的奋斗目标。父母平时要注意不只看孩子的考试分数，更要帮助孩子发现长处和分析不足，做到扬长避短。对已经出现的问题，要给孩子指出以后努力的方向，以孩子乐于接受的方式教育，促使孩子养成良好的习惯。

尽早开发孩子的智力潜能

心理学家认为，孩子的成长遵循着一种规律，也就是孩子的天赋随着年龄的增大而递减，开发孩子智力越晚，孩子与生俱来的潜能就发挥越少。所以，有一句话是“孩子教育越早越好”。许多父母对此颇有疑虑，毕竟孩子太小就开始教育，于心不忍，也不希望孩子小小年纪就背上学习的包袱。但事实上，孩子早期智力开发是很有技巧的，并非教条般学习，而重在智力开发。

至于教育越早是否有效，我们可以举一个例子：比如一个橡树在适宜的环境，可以长到30米，这就是它的潜能。然而现实是，没有一棵橡树能长到30米，通常只会到12—15米，假如生长环境打了折扣，只能生长到6—9米；假如土壤肥沃，精心培育，则可达到24—26米。所以，孩子早期教育可以有效开发其潜能，更容易造就天才。

教育专家通过大量研究表明：假如孩子从5岁接受教育，即便是非常好的教育，将来也只能具备80分的能力；假如从10岁开始教育，就只能达到60分的能力，这就是天赋递减法则的典型例子。

母亲抱着孩子去请教达尔文关于一些教育孩子方面的问题，还没等母亲开口讲述，达尔文便出口称赞：“真是一个漂亮的孩子，几岁了？”母亲回答说：“刚好3岁，我总希望孩子长大后是一个有用的人才，您是受人尊敬的科学家，所以我今天特别登门拜访，在您看来，什么时候对孩子进行教育最好呢？”达尔文笑着说：“我非常遗憾地告诉你，你现在已经晚了3年了。”

可以说，孩子从出生那天开始，就可以通过嘴、舌头及其他感官来探索这个世界。一个人从生命的开始，就有了感知的愿望。大部分父母觉得孩子还小，教育他们应该从合适的年龄开始。其实，生命本身就赋予了孩子求知的渴望。

日本古代驯养名莺的方法很好地说明了早期教育的重要性。据说，野生幼莺在很小的时候，驯莺人就把它从巢穴里捉来进行周密训练。在这些野莺的身旁，通常放着一只名莺，名莺的欢叫异常优美。驯莺人这样做的目的就是让幼莺每天都能听到名莺的叫声，使野莺也能叫出美丽的声音。当优美的声音传进幼莺的耳畔，幼莺的生理机能在潜移默化的过程中改变了，不断跟随名莺的“教育”发生变化。在幼莺向名莺的发展过程中，驯莺人还要进行其他训练。驯莺人认为，如果没有第一步训练作为基础，就没有必要进行后面的训练了。也就是说在整个训练过程中，挑选一只能起示范作用的名莺是最重要的步骤，这样便于幼莺模仿名莺的叫法。

有位母亲对女儿的教育方式十分独特，她从来没有辅导过女儿做功课什么的，就是每天回来跟女儿聊十分钟，只聊四个问题，就完成了她的家庭教育。这四个问题是：学校有什么好事发生吗？今天你有什么好的表现？今天有什么好收获吗？有什么需要妈妈的帮助吗？

这些看似简单的问题背后其实蕴涵着丰富的含义：第一个问题其实是在调查女儿的价值观，了解她心里面觉得哪些是好的，哪些是不好的；第二个问题实际上是在激励女儿，增加她的自信心；第三个问题是让她确认一下具体学到了什么；第四个问题则有两层意思，一是我很关心你，二是学习是你自己的事。

教育学家一直提倡儿童应尽早地进行教育。通常情况下，两岁的幼儿就应该开始接受教育，主要培养幼儿的语言表达能力、身体运动能力及对周围环境的认知能力。3岁～4岁的儿童要进行系统的知识训练。

小贴士

1.胎教

母亲在怀孕时，不但吃什么东西对胎儿的成长有影响，喜怒哀乐的情绪也会影响胎儿，尤其是孩子以后的心智和精神。那么怀孕时尽量不服用药物，少吃辛辣刺激的食物，多听音乐，多看美丽的风景，不生气、不悲伤。

2.婴幼儿学前教育

别以为婴幼儿无知无识，不会说话。其实，从孩子一出生，一旦接触外部世界就开始了认识世界的历程。他随时都在吸收、学习，而且婴幼儿学习和吸收的速度跟成人比起来要快得多。这一时期的教育并不只是语言、行为方面的，还在于品性方面的。

3.幼儿教育

对大一点的幼儿，需要进行系统的知识系统教育，以及对动手能力、思维能力、品德观念等进行系统的教育。作为父母，别总是找借口说“孩子小，他懂什么”，毕竟其一生的思维潜能、品德都奠定于此，不容忽视。

遵循孩子的成长规律

生活中，父母常常按着自己固有的认知和愿望去塑造孩子，却忽视了孩子本身是一辆马力十足的轿车，而自己却正用两匹马的力量在拉着他们前行。这就是著名的卡迪拉克效应。

每个孩子最初都是一只完美的杯子，而后来每只杯子总是被人不同程度的伤害，或父母或老师。最终，被伤害的孩子疏远了父母，与父母之间形成的隔膜日渐深厚，可我们还是听到父母大声地责备："你怎么永远那么笨。"教育专家研究发现，在一个普通家庭里，一个孩子平均受到十次批评才能得到一次表扬。所以，许多孩子在成长过程中总是感觉到自己很失败，他们封闭了自己的世界，变得性格孤僻、敏感。其实，大部分都是由于父母在每天与孩子谈话中传递给他们这样的信息。

欢欢写了一页日记：

从小到大，若想得到妈妈的夸奖，真的比登天还难。妈妈总是嫌弃我长得普通，不如她那么白净漂亮；嫌我不够聪明，不如她那么能言善辩；嫌我太普通，根本不像她的女儿。尽管我承认，比起漂亮又聪明的妈妈，我是那么得不起眼，甚至我会怀疑自己是不是亲生，或者说作为亲生女儿感到很丢脸。但事实上，作为妈妈的女儿，我难道不是更应该得到妈妈的肯定吗。

正因为我足够普通和平凡，所以我更加努力，希望能得到妈妈的肯定。其他方面我无法改变，但我可以努力学习来证明其实我很聪明。每次成绩下来，我都会拿给妈妈看，但妈妈依然是那句不咸不淡的"还行，下次继续努力"，心情好会给我一个微笑，我便觉得心满意足了。

孩子在成长过程中也需要适当的赞扬，他们才更有勇气去挑战未来，而一味地责备与批评只会打击孩子的自信心，让他们变得自卑，变得敏感。其实，每个孩子都是优秀的，这种优秀需要父母爱的耐心和宽容，多看看孩子的优点，这是每一位在困惑中的父母所需要做的。

小贴士

1.正面积极肯定孩子的优点

有的父母看到了孩子的成绩给予了赞扬，但这样的赞扬只会短暂地出现，让孩子感到骄傲与自豪。当孩子的优点成为一种习惯的时候，他们就觉得孩子的表现已经得到了肯定，便不再赞扬他这种行为了。事实上，这时候，孩子会觉得自己的积极性受到了打击，慢慢就失去了做事情的兴趣。孩子在表现出彩的时候，父母应该给予正面的赞扬与肯定，积极的正面肯定会让孩子感受到父母的喜悦，给孩子带来了愉快的心理感受，这样强化孩子的表现，促使孩子做得更完美。

2.顺应孩子的特点，欣赏其独特的一面

每个孩子都有自己的特点，有的孩子可能还有轻微的自我封闭倾向，这时候，父母也不要感到大惊小怪。这些特点也是孩子人格的一部分，父母的斥责只会激起孩子的逆反心理，让孩子个性倾向越来越严重。如果父母发现孩子有一些与众不同的特点，寻找出其特性中的积极因素，因势利导，帮助孩子变得快乐自信起来。

3.父母要善于发现孩子的闪光点

每个孩子都是优秀的，父母缺少的是那一双发现闪光点的眼睛，这就需要父母去善于发现孩子的优点，给予孩子肯定与鼓励，帮助孩子树立起自信，完善自己的人格。比如，有的孩子总是在家里搞破坏，把东西拆了，表面上看是一种调皮的行为。但父母若从另外一个角度看，孩子是喜欢动脑筋的聪明孩子，对于孩子的聪明要给予正面肯定，对于孩子的行为也要积极引导，而不是打击孩子的积极性。这时候，父母一定要保持冷静，善于去发现孩子的闪光点，尽量以鼓励为主，多一些宽容，少一些苛刻，这样才有利于孩子健康地成长。

参考文献

[1]王莉.青春期孩子的正面管教[M]长春：北方妇女儿童出版社，2015.

[2]简·尼尔森.正面管教[M]北京：北京联合出版公司，2016.

[3]王荣华.正面管教男孩100招[M]北京：民主与建设出版社，2017.

[4]简·尼尔森.谢丽尔·欧文.罗丝琳·安·达菲.3~6岁孩子的正面管教[M]北京：北京联合出版公司，2015.